RENOUER
LE LIEN SOCIAL

ROGER SUE

RENOUER LE LIEN SOCIAL

LIBERTÉ, ÉGALITÉ, ASSOCIATION

EDITIONS ODILE JACOB

15, RUE SOUFFLOT, 75005 PARIS

www. odilejacob. fr

ISBN : 2-7381-0933-0

À Yesma

ENTRE DEUX MONDES

Personne ne conteste aujourd'hui l'idée d'une profonde mutation des sociétés modernes. Depuis le temps qu'elle est à l'ordre du jour, nous disposons du recul qui permet d'en resituer les grandes lignes de fracture. Dès le début des années 1960, l'emprise de la « société de consommation », alors scrutée à la loupe, transforme les relations entre les individus et la nature du lien social. Montée de l'individualisme, fossé entre les générations, marchandisation de la société et des rapports sociaux témoignent déjà d'un mal être et de la difficulté de vivre ensemble. À la fin de la décennie, et tout particulièrement lors de l'explosion de 1968, se pose entre autres la question du sens et de la construction d'un avenir qui ne se réduise pas aux seuls intérêts des marchés, c'est-à-dire *la* question politique par excellence. Cette interrogation est restée sans réponse, ce qui justifie en partie le discrédit dont le politique fait l'objet. Le lien symbolique du politique, celui de la représentation d'une communauté de destin, composante essentielle du lien social moderne, en reste durablement distendu. Au cours des décennies suivantes, toutes ces questions sont refoulées et recouvertes par celle de la « crise » économique qui s'impose à l'opinion. Il ne s'agit d'ailleurs pas d'une crise de l'économie proprement dite, plutôt d'une mutation du travail, de sa capacité d'intégration et de socialisation qui, audelà des formes les plus voyantes et les plus inacceptables de l'exclusion et de la précarisation dans des sociétés de plus en plus riches, touche la plus grande partie des salariés et manifeste une très nette détérioration des rapports sociaux et un durcissement de la vie quotidienne. Le lien civil ordinaire du travail, celui de l'échange banal et quotidien, comme celui du sentiment d'appartenance à un grand collectif « à l'œuvre », est à son tour atteint comme en atteste le succès inédit de la littérature sur le mal au travail.

Nous assistons donc en cette fin de millénaire à une décomposition du lien social en trois temps. Tour à tour, le lien social de base (dans la famille par exemple), le lien symbolique du politique, puis le lien civil de l'économie se sont rétractés. Comme un signe général de cette dilution, c'est aujourd'hui l'État-nation qui perd de sa consistance, remettant en question la notion même de société et de ce qui « fait société » entre les individus, c'est-à-dire la forme moderne du lien social.

On peut ne pas être totalement surpris par ce processus de déliaison sociale. Une bonne partie de la science sociale du XIXe siècle s'est construite autour de la question de la fragilité du lien sociétaire et contractuel, ainsi que sur le risque, voire la certitude, de sa désagrégation. Le lien social fondé sur le « libre » contrat est en effet un lien « faible » au regard du lien communautaire d'antan enraciné dans la tradition et les coutumes, le sang et les territoires. Aujourd'hui, loin des communautés des origines et avec le déclin des communautés nationales qui les avaient prolongées, ne semble subsister que l'individu tenu par le seul lien contractuel de l'idéal libéral. Toutefois, comme l'avaient bien vu les Anciens, le contrat par lui-même constitue moins un lien social qu'il le suppose ou, pour le dire autrement, le contrat est moins un lien social qu'un lien juridique qui le formalise. Nous en serions là de cette société d'individus, ou plus exactement d'individus atomisés qui ne forment plus vraiment une société, où il y a de plus en plus de contrats et de droit et de moins en moins de société et de liens sociaux. Comme si la loi pouvait sans risque majeur pour la démocratie se substituer au lien.

Derrière cette décomposition du lien social, comment ne pas percevoir simultanément la recomposition qui se profile ? Il n'échappe à personne que dans le même temps, les contacts sociaux se multiplient et que les « connexions » sont en quelque sorte devenues permanentes. Les expériences professionnelles se diversifient et intègrent de plus en plus de communication et de « relationnel » dans le secteur des services particulièrement, pendant que l'ensemble des pratiques de loisirs progresse régulièrement dans toutes les tranches d'âge. Les réseaux professionnels, amicaux, de partage, d'échange ou de simple rencontre prolifèrent et s'interconnectent. Les nouvelles technologies qui ressemblent de plus en plus à des prothèses incorporées, favorisent bien sûr ce foisonnement et lui donnent une nouvelle dimension ; elles ne le créent pas pour autant. Les technologies répondent d'abord à un besoin et à un renouveau du lien social dont elles exploitent le formidable potentiel et le manque. La communication, professionnelle ou non, et l'émergence de réseaux horizontaux sont bien au cœur de nouvelles sociétés sans frontières.

Comment comprendre ce paradoxe entre la perte des repères et la déliaison sociale d'un côté, et de l'autre, le tonus, la vitalité de ces liens qui retissent leur « toile » tous les jours ? Pour une grande part, parce qu'il s'agit d'un nouveau registre du lien social, qui échappe aux conventions et définitions habituelles et qu'on prend (à tort) pour un lien plus virtuel que réel. Ni lien communautaire, par refus d'autorité et pour cause d'individualisme, d'appartenances multiples, changeantes, souvent éphémères et parfois contradictoires. Ni lien contractuel, car on se défie *a priori* de l'engagement, de sa formalisation et de son institutionnalisation, et *a fortiori* du rapport de forces dans lequel s'inscrivent la plupart des contrats. Le registre du lien social en plein essor s'apparenterait plutôt à celui de l'*association*. Par lien d'association, j'entends ce lien original, fondé sur l'autonomie individuelle, la liberté et l'égalité qui inspirent pour une part la philosophie des Lumières de la fin du XVIIIe siècle, tout particulièrement celle de Rousseau, et qui sont le principe de base sans lequel il n'est pas de vraie démocratie.

Au-delà des principes abstraits de l'époque, ce lien rêvé bien plus que réalisé, nous revient aujourd'hui sous une forme beaucoup plus réelle et concrète dans la reconstitution de la trame de nos liens sociaux. Non point que la liberté ou l'égalité soient à portée de main, mais legs positif de l'individualisme, la volonté d'autonomie, la liberté et l'égalité ne sont plus seulement dans les cœurs mais aussi dans les têtes, à défaut de s'illustrer dans la réalité. On n'a pas assez pris conscience de cette lente révolution silencieuse par laquelle les individus s'estiment désormais dans le fond et quelles que soient leurs conditions, libres et égaux en conscience et non plus seulement en principe. De cette révolution dans les esprits dérive la large extension du lien d'association, dont les valeurs sont à l'opposé du lien communautaire et ne s'imposent nullement dans le lien contractuel. Ce qui ne veut évidemment pas dire que le lien d'association se substitue aux communautés ou aux contrats, mais qu'il les pénètre et les imprègne. Les communautés sont souvent plus ouvertes et démocratiques, et les contrats procèdent plus souvent de l'association préalable.

La famille d'aujourd'hui illustre assez bien cette évolution. Elle repose certes toujours sur une communauté de vie, mais elle n'est plus enfermée dans des normes communautaires et dans le devoir de conformité. Les relations se construisent et se « négocient » quotidiennement, chacun entend conserver son identité personnelle (y compris les enfants) et sa liberté. La communauté familiale tend ainsi vers la libre association, vers la famille association. Cette association peut (ou non) se conclure par un contrat, le contrat de mariage en l'occurrence, mais il intervient *a posteriori* et n'est plus le constituant du fait familial.

Dans la recomposition du lien social, l'association est en position beaucoup plus centrale, elle succède à la communauté et précède un contrat éventuel. Que l'on songe par exemple à cette myriade d'associations de fait qui vont des simples relations de quartier jusqu'à l'expression de la société civile sur la scène internationale, Internet aidant, ouvrant un nouvel horizon à la mondialisation. De même ne peut-on comprendre l'essor continu des associations déclarées sans le relier à cet « esprit d'association » dont parlait déjà Tocqueville, qui anime le lien social entre les individus. À travers le monde, les associations sont les organisations qui (hors les familles) mobilisent le plus d'individus. Dans tous les domaines de la vie sociale, de la santé à la formation, l'information ou la culture, les loisirs, le temps libre, et bien sûr l'animation ou l'aide sociale, les associations sont devenues des acteurs sociaux majeurs, les vrais partenaires sociaux qui vont jusqu'à inspirer et même élaborer les futurs projets de loi. Il n'est guère de grandes causes nationales ou internationales, de l'environnement aux organismes génétiquement modifiés en passant par la lutte contre les exclusions, qui n'aient pas été initiées et portées par des associations et autres coordinations formant les grands mouvements sociaux du moment.

Même l'économie, bastion de la relation contractuelle, s'ouvre de plus en plus à l'association. D'un côté, le social, c'est-à-dire la « ressource humaine » largement « produite » par les associations, devient la principale ressource économique. De l'autre, le développement d'une économie immatérielle centrée sur la personne s'inscrit pour des raisons d'efficacité dans le cadre de relations proches de l'association, tant à l'intérieur de l'entreprise avec le retour de la participation, qu'à l'extérieur avec le rôle prescripteur des associations d'usagers et de consommateurs. Deux mondes qui s'ignoraient et qui aujourd'hui s'interpénètrent.

Cette diffusion progressive du lien d'association, dans toutes les sphères de la société civile, permet d'envisager de dépasser la double impasse de l'individualisme contractualiste du marché et la réaction communautariste sur base ethnique ou nationaliste. Entre « Djihad et Mc World », selon l'expression de Benjamin Barber, entre Wall Street et les Balkans, il existe une véritable troisième voie pour le lien social et sa traduction politique. Ni le pur libéralisme du contrat, ni le socialisme étatiste, ni un pâle compromis entre les deux, version social-démocrate ou social-libérale. Non, une troisième voie authentique, où entre État tutélaire et marchés incontrôlés, émerge enfin l'auto-constitution de la société civile, sorte de grande association d'associations. Cette voie de l'*associationnisme* a guidé les pas des premiers socialistes du XIXe siècle, mais ceux-ci ne disposaient pas des moyens de leurs ambitions, c'est-à-dire d'une société civile arrivée à maturité, irriguée par le lien d'association. La situation est très différente et beaucoup plus favorable aujourd'hui où c'est au contraire le lien social de base et la société civile qui sont « en avance » sur la représentation politique qui en est donnée.

Cette diffusion du lien d'association n'efface bien sûr pas magiquement le syndrome de la déliaison sociale ni le retour des exaspérations communautaristes, mais elle ouvre un nouvel espace pour le politique et pour la politique. Pour le politique, car si le lien social d'association est bien la base d'une vraie démocratie, il n'a pas encore secrété les formes et les institutions de sa représentation et de son expression continue dans le débat public. Pour la politique également, parce qu'il lui revient justement de favoriser cette auto-organisation et cette représentation de la société civile par elle-même au travers de ses associations. Les propositions à ce sujet ne manquent pas et ce livre s'en fait l'écho. Une société ne peut être représentée politiquement que si elle est « représentable » socialement, en ce sens la démocratie n'est pas soluble dans un suffrage universel de plus en plus déserté et dans la seule délégation de plus en plus contestée. La démocratie est moins un régime de représentation qu'un processus continu dont le lien d'association mais aussi l'organisation et l'expression publique sont les conditions. Les conditions originelles du *contrat social*.

PREMIÈRE PARTIE

Quand la société disparaît

Chapitre premier

LA DÉLIAISON SOCIALE

En dépit de sa gravité, le constat est presque devenu banal : la société se défait. Chacun, d'une manière ou d'une autre, en fait l'expérience quotidiennement : la relation à l'autre et aux autres devient plus difficile, plus méfiante, plus incertaine, plus dure, parfois violente. Que ce soit au travail où les rapports se sont considérablement dégradés, dans la famille qui, de décomposition en recomposition, n'est plus le pôle de sécurité et de stabilité qui rassurait, ou tout simplement dans la rue, où une agressivité latente impose la distance. Toutes ces tensions sociales alimentent un climat d'insécurité psychologique et physique beaucoup plus sûrement que les délits eux-mêmes. Selon les formules consacrées : le lien social se désagrège, vivre ensemble ne va plus de soi et nous ne savons plus très bien ce qui fait encore société entre les individus.

Le cinéma en a donné des images très fortes. Je pense, entre autres, au succès inattendu des films du Coréen Tsai

Ming Liang[1] où les personnages d'une même famille sont murés dans leur silence, comme juxtaposés, vivant ensemble mais ne se rencontrant jamais, enfermés dans l'insignifiance de leur quotidien, traînant leur misère affective et sexuelle, noyés sous des déluges de pluie annonciateurs du naufrage prochain de ce qui reste encore de société. En moins hiératique, plus direct et plus proche de nous, Amos Kollek avec *Sue perdue dans Manhattan* a filmé les étapes de la lente descente aux enfers de son personnage principal plutôt BCBG et qui a tout pour réussir socialement et professionnellement, mais finit par sombrer définitivement pour cause d'indifférence absolue au cœur du temple de la richesse mondiale, en plein New York. De ce « film culte », on a dit aussi qu'il s'agissait d'un documentaire, tant la réalité dans les pays riches a multiplié les « fictions » de ce genre où l'extrême richesse économique côtoie le plus grand dénuement social.

La littérature n'est pas en reste avec, par exemple, le succès phénoménal du « cas Houellebecq ». Que ce soit dans *Les Particules élémentaires* ou dans *Extension du domaine de la lutte*, porté également à l'écran, mille fois on retrouve des phrases du genre : « Sous nos yeux, le monde s'uniformise, les moyens de communication progressent ; l'intérieur des appartements s'enrichit de nouveaux équipements. *Les relations humaines deviennent impossibles* [...]. Le troisième millénaire s'annonce bien[2]. » Quoi qu'on pense de cette « littérature noire », son succès ne peut laisser indifférent, tant elle colle à une époque, rejoint le vécu et signe l'identification d'un large public.

Du côté des sciences sociales, les réflexions sur ces « particules élémentaires » que sont devenus les individus en voie

1. Parmi les œuvres du réalisateur, *Les Rebelles du dieu néon* (1992), *Vive l'amour* (1994, Lion d'or à Venise), *La Rivière* (1997, Ours d'argent à Berlin), *The Hole* (1999).

2. Michel Houellebecq, *Extension du domaine de la lutte*, Paris, J'ai lu, 1999.

d'atomisation sociale, comme dans un monde dépourvu de tout centre de gravité, ne manquent pas non plus. La vision touche parfois à l'extrême et au désespoir quand un philosophe sérieux et reconnu comme Christian Delacampagne écrit : « Que peut encore vouloir dire le fait d'habiter ensemble ? De partager une existence sociale ? D'appartenir à une même communauté politique ? Voire à une même espèce[1] ? »

LA CAUSE ET LA CONSÉQUENCE

À partir de ce constat à peu près unanime de la déliaison sociale et de la montée des solitudes, les explications et les bonnes raisons ne manquent pas. De très loin, l'explication la plus fréquente est certainement celle de la crise économique et de ses effets délétères. C'est en raison de la crise économique qu'il y a encore du chômage, de la précarité et donc de l'exclusion, de l'isolement et de la solitude. Au premier abord, cela tombe sous le sens : la crise économique est bien responsable, au moins en grande partie, de la « fracture sociale » et donc de la dilution du lien social. On n'a cessé de nous le répéter et c'était presque rassurant de le croire, car on finit bien un jour par sortir d'une crise économique. Pourtant, l'argument se renverse facilement et le contraire est au moins aussi vrai. N'est-ce pas plutôt en raison du relâchement du lien social, de la fragilité du tissu social et du manque de solidarité dans une société toujours plus individualiste que l'on a pu tolérer autant d'exclusion, de chômage, de pauvreté et de drames humains ? C'est beaucoup plus la dilution du lien qui fait la crise que l'inverse. La crise n'est pas une crise de l'économie, qui se porte très bien comme chacun peut le constater[2], mais celle d'une société éclatée qui s'est pliée aux inté-

1. Christian Delacampagne, *De l'indifférence*, Paris, Éditions Odile Jacob, 1998.

2. Il est remarquable qu'à aucun moment de la soi-disant crise nous n'ayons connu de croissance négative. De plus, un point de croissance aujourd'hui pèse autrement plus lourd que dans les années 1960.

rêts des plus forts en oubliant son devoir d'intégration sociale. Ne nous trompons pas : c'est parce que la société s'est désagrégée, parce que les individus se sont retrouvés plus solitaires que solidaires qu'une économie de marché pure et dure a pu triompher. Il n'y a nul fatalisme à cela. On ne va d'ailleurs pas tarder à s'apercevoir que même avec une croissance plus soutenue et une inversion de la courbe du chômage, on ne règle pas la question de la cohésion sociale, de la relation entre les individus et du « vivre ensemble », même si cela permet d'aborder la question plus sereinement. Le mal est autrement profond.

LIBRES ET EGO

Une autre grande explication stigmatise l'individualisme. Il est vrai qu'il atteint aujourd'hui des sommets. Il n'y a pas si longtemps, on était très critique face à l'individualisme ; aujourd'hui, il fait vendre, il est donc vanté, valorisé, encouragé. Il s'agit avant tout d'être soi, de vivre pour soi, de se réaliser soi-même. Il y a presque un devoir d'individualisme, « parce que je le vaux bien [1] ». C'est devenu une mine inépuisable pour les publicitaires. Dernièrement, une marque de la grande distribution pour hommes proclamait : « Soyez libres et *ego*. » Symbole d'une société républicaine qui se transforme en agglomération d'individus reliés par le seul « commerce ». Le commerce des hommes se dilue dans celui des choses. Logiquement donc, l'individualisme apparaît comme destructeur du lien social. Pourtant, il n'explique rien par lui-même. Ce n'est évidemment pas l'individualisme qui entraîne le délitement du lien social mais l'inverse. Et pourquoi n'y aurait-il qu'un individualisme négatif, celui de l'égotisme et du narcissisme, du moi d'abord et finalement de l'enfermement sur soi qui finit d'ailleurs par détruire l'individu lui-même ? N'y a-t-il pas

1. Slogan publicitaire de la marque L'Oréal.

aussi un individualisme positif, un individualisme relationnel, une relation à l'autre d'autant plus riche et authentique qu'elle se nourrit de la différence et de l'altérité ? Peut-être beaucoup d'individualisme finit-il par ramener vers les autres.

LE RÉEL ET LE VIRTUEL

Est-ce alors la faute aux nouveaux moyens d'échange et de communication ? Pour certains, téléphone portable et Internet éloignent de la seule vraie communication, le contact direct. Il est vrai que selon la très sérieuse étude de l'INSEE, les Français se parleraient moins[1]. Outre le fait que cette étude mesure autant un sentiment de moindre relation que sa réalité, elle ne s'intéresse toutefois qu'à l'échange direct avec présence physique. Tout le reste étant plus ou moins disqualifié au nom de la relation « virtuelle ». Doit-on opposer si nettement « réel » et « virtuel » ou se faire à l'idée que le virtuel est désormais une forme à part entière de notre réalité[2] qui permet de décupler nos relations personnelles ou sociales sans contrainte de lieu ni de temps ? Là encore, l'explication de la déliaison sociale n'est pas vraiment convaincante.

D'autres raisons encore ont été avancées depuis bien longtemps, comme l'accélération de la mobilité sociale et géographique par exemple, dont on a dit, non sans raison, qu'elle était cause de déracinement et d'isolement, suscitant en réaction le fameux « vivre et travailler au pays ». Dans le même temps cette mobilité est une formidable occasion de contacts nouveaux, de rencontres imprévues, d'élargisse-

---

1. Nathalie Blanpain, Jean-Louis Pan Ké Shon, « 1983-1997 : les Français se parlent de moins en moins », *INSEE Première*, n° 571, mars 1998.

2. Remarquons que hors présence physique, une relation entre internautes, par exemple, peut être beaucoup plus directe, vraie et finalement plus « réelle » qu'une relation de simple proximité.

ment de son horizon social et relationnel. De même pour l'urbanisation dont la verticalité et l'excessive concentration nuiraient aux relations. On sent bien qu'il n'est guère difficile de plaider le contraire et que la ville, selon les contextes, peut aussi bien contribuer à activer les liens sociaux qu'à les distendre.

LIEN SOCIAL ET MODERNITÉ

Au total, il n'est donc pas si facile d'expliquer par telle ou telle grande cause cette dangereuse tendance à la déliaison sociale. Et si chaque argument possède sa part de vérité, aucun n'emporte la conviction. Il faut inverser la perspective et l'analyse, et cesser de prendre les effets pour la cause. C'est en réalité l'évolution du lien social lui-même qui est à l'origine de la plupart des manifestations de pathologie sociale : exclusion, violence, individualisme, mal de vivre, recrudescence des suicides, etc [1]. C'est dans la nature du lien social qu'il faut chercher l'origine de la déliaison sociale et de ses diverses manifestations. Les sociétés sont en grande partie le reflet d'un certain type de lien social dont la famille, les amis mais aussi le lien économique du travail ou le lien politique et la citoyenneté sont des modalités particulières. Le cumul de leurs déficits met en cause le lien social lui-même.

C'est donc le lien social lui-même, ses transformations majeures, passées, actuelles et à venir, qu'il faut interroger. En commençant par prendre un peu de recul, parce que cette question de la déliaison sociale, de la « foule solitaire [2] » et de la « société des individus [3] » est peut-être devenue plus aiguë et angoissante aujourd'hui, mais n'est pas

1. Selon l'OMS (Organisation mondiale de la santé), maladies mentales et dépressions seront la deuxième cause de mortalité dans le monde après les maladies cardio-vasculaires d'ici 2020.

2. David Riesman, *La Foule solitaire*, Paris, Arthaud, 1964.

3. Norbert Élias, *La Société des individus*, Paris, Fayard, 1991.

nouvelle pour autant. Elle est plus profondément ressentie parce qu'elle remet en cause non seulement les rapports entre les individus, mais aussi la cohésion sociale et la notion même de société qui est liée à un État-nation aujourd'hui sur le déclin. Mais même si le sujet est devenu plus préoccupant encore, comme si nous abordions avec le XXIe siècle une étape décisive et sans doute l'est-elle, on ne peut oublier qu'il hante et taraude nos sociétés depuis le XIXe siècle.

Nos sociétés saoulées d'actualité et saturées d'information sont devenues amnésiques et ont perdu toute profondeur historique. Elles ont oublié les avertissements des hommes du XIXe siècle qui avaient très bien vu que la question essentielle du monde moderne et de la modernité ne serait pas celle de l'économie, promise à un riche avenir, mais celle du lien social. Le XXe siècle, qui a commencé avec la mondialisation des conflits, a balbutié des réponses provisoires et nous voilà de nouveau au pied du mur, face à une déliaison sociale plus considérable encore qui remet en cause le principe même de la société comme le moyen de vivre ensemble que l'on avait cru indépassable.

LE COMMUNAUTAIRE ET LE SOCIÉTAIRE

Après l'effervescence révolutionnaire du XVIIIe siècle et son grand rêve d'une société émancipée, réconciliée, libertaire et égalitaire, gouvernée par le Progrès et la Raison, le réveil du XIXe siècle est brutal. La misère rôde, les individus déracinés et déportés des campagnes s'entassent dans des cités aux logements insalubres, la condition ouvrière est désastreuse, la lutte des classes vaut celle des castes et n'est pas qu'un slogan à usage révolutionnaire. En un mot, la transition vers la modernité se fait dans la douleur. La société paraît bel et bien menacée et la question de la cohésion sociale, du maintien du lien social se trouve posée en des termes qui, toutes proportions gardées, ne sont pas très différents de ceux d'aujourd'hui. C'est à partir de cette question sociale et singulièrement du lien social que prospèrent les sciences sociales et particulièrement la sociologie, qui y trouve sa raison d'être puisqu'elle se veut rien de moins que l'étude de l'art de vivre ensemble. Pour les grands sociologues de l'époque, français et allemands, d'Émile Durkheim à Marcel Mauss, de Max Weber et Georg Simmel à Ferdinand Tönnies, le lien social moderne ne va pas de soi à la différence des communautés d'antan soudées par la tradition et la coutume. Il y a une grande différence sociologique, voire même une opposition, entre les communautés de la tradition et les sociétés de la modernité, entre le lien social *communautaire* et le lien *sociétaire*. D'un côté, des communautés relativement fermées, hiérarchisées et indissolublement liées par le même territoire, la même ethnie, le même sang, la même genèse, les mêmes règles héritées, la même croyance en l'ordre naturel... De l'autre, de vastes ensembles plus ouverts et composites réunissant des individus réputés libres et égaux, contractant librement entre eux, se donnant leurs propres règles de vie commune, décidant par eux-mêmes de la distribution des pouvoirs dans la société. Telles sont, dans leur épure, les deux entités sociales décrivant des liens de nature très différente. D'un côté le communautarisme (holisme [1]), de l'autre l'individualisme. D'un côté le statut, de l'autre le contrat. D'un côté l'ethnique, de l'autre le civique. D'un côté la fusion et l'émotion, de l'autre la relation et la raison. Comme l'a résumé Ferdinand Tönnies dont la distinction *communauté/société* est au cœur de notre réflexion : « L'ère de la société suit celle de la communauté. Celle-ci est caractérisée par la volonté sociale comme ordre, coutume et religion ; celle-là par la volonté sociale comme convention, politique et opinion publique [2]. »

---

1. Louis Dumont, *Homo aequalis*, Paris, Gallimard, 1977.
2. Ferdinand Tönnies, *Communauté et société* (*Gemeinschaft und Gesellschaft*, 1887), Paris, Retz, 1977.

LIEN FORT, LIEN FAIBLE

Mais surtout entre communauté et société, il y a toute la différence entre un lien social fort et un lien faible. Le lien communautaire est fort car homogène comme dans une grande famille très unie où le collectif l'emporte sur des individus qui n'en sont que des membres ; le lien social, dans lequel domine la liberté individuelle si ce n'est l'individualisme, peut en contrepartie isoler, voire exclure, l'individu de toute relation sociale, ou la rendre purement fonctionnelle ou utilitaire, hors de toute densité humaine. En cela, il s'agit d'un lien fragile. Contre les communautés et au nom de la liberté, constatent les sociologues de l'époque, s'est édifiée une société qui ressemble à un vaste marché sans règles où chacun est apparemment libre de se lier et de contracter avec qui bon lui semble mais où règne en réalité la loi du plus fort, à commencer par celle des détenteurs de capitaux. Cette société est avant tout un grand marché du travail où des individus déracinés, sortis de leurs diverses communautés d'appartenance, viennent selon l'expression de Chateaubriand « faire commerce d'eux-mêmes, passant d'un esclavage à un autre ». Le travail lui-même, se mécanisant et se spécialisant, accroît la division du travail et ne génère qu'un lien social faible au regard du travail artisanal inséré dans une communauté de relation et de vie partagée, tel le maître et son apprenti. Enfin, l'emprise du travail est telle que le temps restant n'est que celui de la « reproduction de la force de travail » selon la formule de Marx, rarement celui de la socialisation et de l'échange [1].

1. Il faut se souvenir que l'une des toutes premières lois sur le temps de travail qui date du 22 mars 1841 (loi Guizot) prévoit seulement l'interdiction du travail des enfants de moins de huit ans, et la limitation de sa durée à douze heures pour ceux de douze à seize ans ! Quant au repos hebdomadaire, il ne devient obligation légale qu'en 1906.

LE ROUGE, LE NOIR...

À partir de ce tableau dressé ici à grands traits mais qui n'est évidemment pas sans rapports avec notre actualité, on conçoit que les sociologues du XIXe siècle n'aient été dans l'ensemble guère optimistes sur l'avenir des sociétés ou, plus précisément, sur la viabilité du lien social moderne. Ce pessimisme sur l'avenir s'accompagne parfois d'une certaine nostalgie du passé. Nostalgie d'une relation humaine immédiate et évidente, d'une communauté unie dans la même croyance où chacun a sa place, sorte de Moyen Âge idéalisé. Max Weber évoquera en ce sens un « désenchantement du monde[1] » et Ferdinand Tönnies opposera la vie réelle, chaleureuse et naturelle des communautés à l'ordre froid, impersonnel et artificiel du lien en société. Cette exaltation d'un retour aux origines « naturelles » de la communauté fondée sur le territoire, le sang, l'ethnie et la race sera récupérée plus tard par la propagande nazie nourrie du mythe de la communauté aryenne et de pangermanisme. Ce qui ne veut pas dire que Tönnies (pas plus que Nietzsche) ait eu une quelconque inclination pour des régimes totalitaires. En revanche, il faut bien voir que la faiblesse et l'instabilité du lien social moderne, engendrant solitude et perte d'identité, ne sont pas pour rien dans le retour périodique au cours de l'histoire de manifestations nationalistes ou ethniques plus ou moins violentes et xénophobes[2]. La guerre en Bosnie ou plus récemment celle du Kosovo et, d'une manière plus générale, la résurgence du fait national et xénophobe dans des pays comme la Suisse ou l'Autriche[3] suffisent

1. Max Weber, *Économie et société*, Paris, Plon, 1971.

2. Jean-Yves Camus, *Les Extrémismes en Europe*, Paris, Éditions de l'Aube, 1999.

3. En Suisse, le parti d'extrême droite UDC est devenu le premier parti de la Confédération helvétique aux élections législatives de 1999 et Jörg Haider, leader charismatique du parti libéral autrichien, sympathisant notoire de l'idéologie nazie, est désormais au pouvoir.

à nous le rappeler. La nostalgie et la réaction communautaire dans des sociétés modernes ouvertes sur l'extérieur mais minées par la déliaison sociale sont les plus sûrs ferments de la tentation totalitaire. Seul et désemparé, on est facilement manipulé par ceux qui exaltent l'intégrité de la *communauté* nationale et le rejet de l'étranger.

Dans un esprit voisin, on a pu dire que l'adhésion au marxisme, à l'idéologie communiste et leur concrétisation dans les pays de l'Est a beaucoup joué sur la fibre *communautariste*, sur le retour d'un lien collectif fort avec le collectivisme et l'espoir d'une société plus *fraternelle*. Là encore, le rêve communautaire avec la suprématie du lien collectif et la négation de l'individualité et de ses droits dans une société moderne d'individus a tourné court et mené tout droit au totalitarisme.

D'autres encore mesurant l'impasse d'un retour du lien communautaire, y compris dans la version social-étatiste qu'en proposera le communisme, ont une vision carrément défaitiste de l'avenir de la société. L'homme s'est enfermé dans une « cage de fer » qu'il a lui-même construite dira Max Weber. C'est-à-dire dans un monde rationnel dominé par les sciences et les techniques, les grandes organisations et les marchés, laissant l'individu seul, broyé par une gigantesque Société anonyme où l'argent devient le vecteur privilégié de tous les échanges[1]. Remplaçons la Société anonyme par la World Company ou le Mac World qui nous menacent aujourd'hui, et reconnaissons que la prévision n'était pas inexacte. Sans doute y a-t-il dans ces visions très noires de l'avenir une manière de chercher à conjurer le pire en l'annonçant. Les sociologues aiment parfois jouer à (se) faire peur en espérant provoquer un sursaut salutaire de la société et les réformes nécessaires.

1. Georg Simmel, *Philosophie de l'argent*, Paris, Presses universitaires de France, 1987.

... ET L'ESPOIR

Réformisme et réalisme : telle est justement la perspective française plus enracinée et plus confiante dans le modèle de la société républicaine organisée autour d'un État-nation fort et soutenue par un nouveau lien social résistant, se substituant progressivement à l'effacement historique du lien communautaire. Pour les sociologues français, réunis majoritairement autour du *leadership* d'Émile Durkheim, la transition des communautés vers la société est non seulement inéluctable mais souhaitable et positive sous deux conditions :

– que le travail rassemble au lieu de séparer et de diviser et que se crée, au-delà du seul contrat de travail, un lien organique[1] puissant entre les individus sur la base de la complémentarité des tâches et sur l'intérêt commun à produire de la richesse ;

– que les individus se reconnaissent dans les grandes valeurs républicaines, tout particulièrement le patriotisme et le progrès et qu'ils se sentent liés à une « communauté » nationale et à une « communauté » de destin.

Cela fait beaucoup de « communauté » pour une société qui prétend s'en délivrer ! En réalité, les sociologues français ne croient au lien social contractuel, que s'il est inséré dans un tissu communautaire qui reconstruit du lien collectif et de l'identité sociale. Ces communautés sont bien sûr différentes des communautés de la tradition. L'esprit libertaire et égalitaire est passé par là, mais elles ont la même vocation à créer des rapports de proximité, d'intégration, de conscience collective, voire d'émotion et de fusion. En ce sens, la société est une nouvelle communauté « reli-

1. Émile Durkheim, *De la division du travail social*, Paris, Presses universitaires de France (1893), 1960.

gieuse[1] » pour Durkheim et le travail une communauté concrète qui en est le bras séculier, porteur de « solidarité organique » et de progrès matériel. En un mot, ces sociologues se défient du seul lien contractuel de la tradition libérale, qui conduit à l'atomisation et à l'anomie sociales.

Le lien social moderne n'est donc porteur d'avenir qu'à condition que le lien civil du travail d'un côté, et le lien symbolique (ou politique) d'appartenance à un même État-nation de l'autre, progressent ensemble. À ces conditions, il est possible de concilier individualité et collectivité, la liberté et une certaine égalité, d'unir par l'action et le choix volontaire et non par la tradition et la coercition.

Je crois justement que ces deux grandes réponses apportées par les sociologues, le monde politique et finalement par l'Histoire elle-même, pour compenser et remédier à la fragilité inhérente du lien social contractuel et lui donner de la consistance, se sont progressivement défaites. Elles sont aujourd'hui devenues inopérantes et nous laissent face à un grand vide.

LA DÉFAITE POLITIQUE DE MAI 68

C'est tout d'abord le contrat social et républicain qui s'est en grande partie défait dès la fin des années 1960. La société n'est plus portée par un avenir radieux, les grands récits sur le progrès et le bien-être qui avaient succédé aux liturgies religieuses, sont remis en question. La République n'est plus une religion. Il n'y a plus ni déification ni identification de la société à l'État tutélaire qui a été remplacé par un État-providence qui ne fait plus rêver. La question du sens[2] est posée dans une société dont l'évolution donne plus raison au « désenchantement » de Weber qu'au « credo »

1. Au sens de ce qui « relie ».
2. Jean-Baptiste de Foucauld, Denis Piveteau, *Une société en quête de sens*, Paris, Éditions Odile Jacob, 2000.

sociétaire de Durkheim. Le coup de tonnerre de 1968, grande fracture à l'échelle occidentale, donne la mesure du désarroi d'une jeunesse qui veut changer la vie et l'avenir. La consommation insatiable, le bien-être matériel ou le taux de croissance dont « on ne tombe pas amoureux » comme on l'a dit, ne suffisent pas à compenser le déficit de sens et de perspective. Mai 68 est tout à la fois une révolte contre l'aliénation croissante d'une société qui se dissout dans les marchandises qu'elle produit, l'exigence d'un nouveau modèle de développement et la recherche désespérée et utopique d'une alternative immédiatement disponible pour y répondre. Cette question éminemment politique du sens n'a pas reçu de réponse, pas plus en 68 qu'aujourd'hui. C'est fondamentalement cette absence de réponse, par laquelle le politique renonce à la première (et à la plus noble) de ses missions, qui va dévaloriser la politique et la fonction politique. Et cela au moment où les dernières grandes figures charismatiques, tel le général de Gaulle – sorte de transposition sociétaire de la figure paternelle communautaire –, quittent symboliquement la scène publique.

Le lien avec le politique qui incarne un lien social fort est durablement, voire définitivement, distendu. Et même la parenthèse vite refermée du retour du socialisme en France en 1981, prétendant incarner une rupture (« changer la vie ») comme l'écho lointain d'un mois de mai, ne fera que très brièvement illusion et ressemblera plus à une célébration nostalgique d'une génération soixante-huitarde qui prend le pouvoir, qu'à une nouvelle vision politique de l'avenir. À défaut de dessein politique et de réponse aux questions de 1968, la politique et donc le lien politique vont se dissoudre dans une économie qu'il s'agit de bien gérer et de moderniser. Hors l'économie, la politique se définira surtout comme force de résistance à la déferlante libérale, notamment en préservant quelques bastions du service public (santé, éducation) et des minima sociaux. Politique essentiellement défensive, chaque jour battue en brèche, plutôt que grand dessein d'avenir. La diffusion du modèle social-démocrate en Europe et social-libéral dans sa version anglo-saxonne correspondant bien à ce qui reste du politique : préserver du pire. Pas de quoi ranimer le lien social politique et la fibre sociétaire. On peut ne pas regretter que la question du sens et du projet de société ne « tombe » plus du haut et qu'elle soit de moins en moins incarnée par une classe politique qui a perdu là son attribut essentiel, néanmoins la question qui fut par excellence celle de 1968, qui n'est pas un tournant historique pour rien, attend toujours sa réponse.

DES INÉGALITÉS AU TEMPS DE L'ÉGALITÉ

Ajoutons à cela que l'égalité, grande valeur fondatrice de la République s'il en est, n'apparaît plus centrale que dans les discours. Dans la réalité, sa progression qui avait assuré une relative cohésion sociale et nourri l'espoir de générations que, grâce à l'éducation, la situation de leurs enfants serait meilleure, est contredite par les faits. Dès les années 1970 la progression devient à nouveau celle des inégalités dans leur ensemble et des revenus en particulier. Il faut bien comprendre l'effet dévastateur sur le lien social d'individus qui s'estiment toujours plus égaux car on ne cesse de le leur répéter, constatant jour après jour la progression des inégalités réelles. Plus les individus se sentent égaux et plus les inégalités progressent. Cette dynamique de l'inégalité dans une société réputée égalitaire a fini par atteindre des sommets. Et pas seulement en raison du chômage ou de la faiblesse du revenu minimum (RMI) : la France à l'instar des pays anglo-saxons a été rattrapée par le phénomène des *working poors* puisque plus de trois millions de salariés gagnent moins de cinq mille francs par mois, et l'on sait que 5 % des ménages possède 40 % de la richesse nationale alors que 50 % d'entre eux se partage seulement 8 %. Au Royaume-Uni on compte de 20 à 25 % de pauvres [1], proportion qui a triplé en moins de vingt ans à tel point que selon le ministère des Finances britannique, 30 % des enfants de ce pays vivraient dans la pauvreté. De même, l'écart entre les 20 % des plus riches et les 20 % des plus pauvres est passé de quatre à sept en une dizaine d'années. En matière d'inégalités, les États-Unis restent en tête puisque le 1/5 des Américains les plus riches accaparent 48,2 % du revenu total et le 1/5 des plus pauvres seulement 3,6 %. L'augmentation rapide des revenus d'un capital qui ne cesse de se concentrer par rapport à ceux du travail dont la part continue de baisser dans la valeur ajoutée [2], cumulée avec l'approfondissement du fossé Nord-Sud, risquent d'aggraver encore ces écarts.

LA BANALISATION DE L'ÉTAT-NATION

Enfin, le principe sacré de souveraineté nationale qui donnait toute sa force à la représentation d'une société autonome devient largement illusoire. Certes, comme le souligne Bertrand Badie [3], la réalité de la souveraineté d'un pays a toujours été très relative, mais la croyance était forte et stimulait l'identité nationale. Déjà en 1968, l'impérialisme américain, le pouvoir occulte des firmes multinationales, l'ouverture des frontières et la part croissante du commerce extérieur dans la richesse nationale alimentaient le débat sur la perte de pouvoir des États nationaux. Aujourd'hui, selon l'avis d'une spécialiste comme Saskia Sassen, le débat

1. Le seuil de pauvreté correspond à un revenu inférieur à la moitié du revenu moyen de la population.

2. Aux États-Unis entre 1990 et 1995, selon *Business Week*, les revenus des PDG ont augmenté de 92 %, les profits des entreprises de 75 %, les licenciements de 39 % et les salaires des ouvriers de 16 %. Pour la seule année 1999, la Bourse de Paris a gagné 51 %, celle de Francfort 39 %, Tôkyô 37 %, New York 25 %, Milan 22 %, etc.

3. Bertrand Badie, *Un monde sans souveraineté*, Paris, Fayard, 1999.

est tranché même si le propos se veut mesuré : « Délocalisation d'entreprises, flux financiers, flux de communication et flux migratoires n'obéissent plus à la grammaire de la souveraineté même s'ils ne marquent pas la mort de l'État [1]. » Si le politique s'est en grande partie dissout dans l'économique, celui-ci s'est désormais fondu dans la mondialisation. Une mondialisation qui est surtout faite d'extraterritorialité puisque les groupes surpuissants pour cause de concentration et de capitalisation boursière, de la banque à la chimie en passant par l'automobile, sont à la fois apatrides et s'affirment comme la première des puissances au monde. Rappelons seulement, à titre d'exemple, que le chiffre d'affaires de General Motors est supérieur au produit intérieur brut (PIB) d'un pays comme le Danemark et que celui d'Exxon-Mobil dépasse la richesse de l'Autriche. Plus globalement, les cent premières entreprises dans le monde contrôlent à présent 70 % de l'ensemble du commerce...

À la fois cause et conséquence de cette mondialisation, les échelons territoriaux, en Europe tout spécialement, se sont remodelés. Par le « haut » avec une Europe dont les structures politico-économiques avancent lentement tout en valorisant et en multipliant les échelons comme les régions, les « pays », les bassins, mieux adaptés aux actions transnationales, et par le « bas » avec la revendication de la citoyenneté locale. Au bout du compte, sans porter de jugement de valeur et sans présumer de son évolution ou de sa réaction, l'État-nation se banalise et tend à devenir un échelon décisionnel parmi d'autres, certainement pas le plus important au plan économique. Dans la réalité, qui est en avance sur nos représentations qui peinent à la suivre, avec la banalisation de l'État-nation s'efface la société et le lien social qui en était issu.

---

1. Saskia Sassen, *Losing Control. Sovereignty in an Age of Globalisation*, New York, Columbia University Press, 1996.

LE TRAVAIL FAIT-IL LE CITOYEN ?

Cette dilution du lien social politique, de la grande « communauté » nationale et de la « communauté » de destin a évidemment renforcé la nécessité et l'importance de l'autre forme de lien sociétaire fort qu'est le lien civil de travail. Il y a même eu un effet report du lien politique national sur le lien civil du travail. Après l'échec politique et de la politique comme grande liturgie d'avenir dans les années 1960, chacun s'est remis au travail, tel était d'ailleurs le mot d'ordre à la fin 1968. Faute d'avenir et d'utopie collective, on s'est replié sur le présent et le quotidien du travail. Le travail est presque devenu l'unique lien à la société et la citoyenneté s'est pratiquement confondue avec le travail, avec la participation à l'activité économique. Pour le citoyen aussi le lien politique s'est dissout dans le lien économique. On n'a pas assez insisté sur cette véritable dénaturation des valeurs républicaines : ce n'est plus la citoyenneté qui fait le travailleur et qui ouvre le droit au travail comme le prévoient pourtant avec constance toutes les constitutions politiques depuis 1789 ; c'est à l'inverse le travail qui fait le citoyen et qui lui donne accès à la sphère publique et au lien social[1]. Contre toute la tradition, la citoyenneté est aujourd'hui plus économique que politique.

Mais précisément au moment où le travail est surinvesti comme lien social prééminent, y compris par les femmes, celui-ci va à son tour se défaire. La flambée du chômage, du sous-emploi et l'extension de la précarité avec leurs conséquences délétères sur le lien social, en sont les signes les plus manifestes. Au-delà des signes et des statistiques, c'est en réalité toute la *communauté* de travail qui est touchée en profondeur par l'angoisse du lendemain, le

1. Dominique Schnapper, *La Communauté des citoyens. Sur l'idée moderne de nation*, Paris, Gallimard, 1994.

durcissement des rapports sociaux, les tensions internes souvent violentes entre direction et salariés, mais aussi entre salariés. Les témoignages abondent comme celui de cette employée du service des ressources humaines d'une grande banque qui après vingt-cinq ans de « maison » exprime bien le malaise général : « Ils ne se rendent pas compte. *Il n'y a qu'à, faut qu'on,* ils ne connaissent pas notre travail. Ils le méprisent. Dans le service, tout le monde est malade. Il y a les ballonnés, les migraineux, les fatigués. Les gens se plaignent mais n'osent pas dire "stop". Ils ont peur. Entre nous on n'en parle pas. À quoi bon... De toute façon on ne se dit plus grand-chose. Avant il y avait des fêtes. On s'invitait. Maintenant je peux passer une journée sans adresser la parole à quelqu'un. » Le grand succès des livres [1] qui relatent ce genre de témoignages et dénoncent la « banalisation du mal », selon l'expression d'Hannah Arendt, démontrent qu'ils n'ont rien d'exceptionnels et que la régression sociale est aussi une régression morale. Les enquêtes vont dans le même sens et soulignent le stress qui affecterait 57 % des salariés et même 69 % des cadres [2]. Les spécialistes, médecins et psychologues, évoquent « une ambiance suicidogène », pointant nettement la relation entre l'élévation du taux de suicide, la désagrégation de la communauté de travail et ses effets en cascade sur le lien social [3]. Chacun se sentant potentiellement concerné, à la figure traditionnelle de la lutte des classes qui avait au moins le mérite de conforter des communautés d'intérêt et de relier par le conflit, succède celle de « la lutte des places » et même la lutte pour garder sa place dans un univers froid et hostile.

1. Notamment, Christophe Desjours, *Souffrance en France*, Paris, Le Seuil, 1998 et Marie-France Hirigoyen, *Le Harcèlement moral*, Paris, Syros, 1998.
2. Institut Eurotechnopolis/ IFOP, février 1998.
3. Deuxième journée nationale pour la prévention du suicide, 5 février 1998.

LE SALARIAT À LA CARTE

Cette dégradation des conditions de travail n'est-elle que provisoire ? N'est-elle que la conséquence du pic du chômage qui a permis de « déréguler » le marché du travail au profit des entreprises ? On peut l'espérer et sans doute qu'une reprise de l'emploi peut améliorer le sort de salariés « jetables ». Mais, d'une part, la mondialisation va maintenir et même accentuer la pression sur les salariés, et d'autre part, les années chômage ont accéléré des transformations qui tendent toutes vers la déstructuration de la communauté de travail. Tel est le cas de la fameuse flexibilité. Si elle fait tant de sceptiques et de critiques, c'est qu'il ne s'agit pas d'un simple problème d'aménagement des horaires de travail. Le travail n'est plus défini par des rythmes propres et négociables à l'intérieur de l'entreprise mais soumis à ceux des technologies et des marchés mondialisés. Travail en temps réel et réactivité deviennent des impératifs qui laissent peu de place aux relations et à la convivialité.

Autre facette de la flexibilité : la mobilité du travail et du travailleur. Mobilité socioprofessionnelle avec des statuts et une carrière qui ne sont plus garantis et des parcours professionnels en ligne brisée ; mobilité géographique aussi commandée par la mobilité du travail lui-même et de ses lieux de fixation lorsqu'ils existent. Changer fréquemment de qualification, de métier, de lieu de travail ne favorise pas l'insertion et l'enracinement dans une communauté de travail. L'entreprise devient un lieu de passage transitoire en attendant que l'entreprise virtuelle [1] sans bureaux ne gagne du terrain et ne rende la communauté de travail tout aussi virtuelle. D'ores et déjà, de nombreuses entreprises de ser-

1. Denis Ettighoffer, *L'Entreprise virtuelle ou les nouveaux modes de travail*, Paris, Éditions Odile Jacob, 1992.

vices cherchent à se délester de leurs coûts fixes à commencer par les salariés permanents et les bureaux. S'il me semble prématuré de parler de société « post-salariale », on ne peut que constater l'éclatement de la condition salariale. Sans même évoquer le travail indépendant, le *free lance* et la tendance à basculer le contrat salarial vers le contrat commercial, la multiplication des statuts salariés dits « atypiques » (contrats à durée déterminée, intérim, contrat de mission, temps partiels, etc.) plus ou moins précaires pourrait bien l'emporter sur le statut « normal » (contrat à durée indéterminée) qui donnait au salariat son unité. Comme l'affirme une étude de l'UNEDIC[1] : « L'enrichissement de la croissance en emplois sur la dernière décennie est expliqué pour 10 % par la déformation sectorielle, pour 40 % par le développement du temps partiel, pour 20 ou 30 % par le développement des emplois courts ou précaires et pour 20 ou 30 % par la politique d'allégement des charges sociales. » Simultanément, les salaires et les différentes formes de rémunération s'individualisent, les grilles de qualification ou de fonction sont remises en question et le contrat de travail, retrouvant là ses origines, résulte d'une « négociation » personnalisée qui permet de s'affranchir des conventions collectives quand ce n'est pas des normes prévues par le droit du travail. Comme l'ont bien vu les syndicats, la flexibilité croissante du travail et du travailleur anéantit le collectif de travail.

LA SOLITUDE AU TRAVAIL

À l'éclatement du statut salarial fait symboliquement écho le démembrement de l'espace de travail. Les technologies informatiques permettent de travailler n'importe où et rendent possible si ce n'est la disparition du moins la réduction et la banalisation de l'espace de travail. Soit que les

1. UNEDIC, 1998.

entreprises louent des espaces banalisés à des sociétés de services en bureautique, soit que leurs propres bureaux sont utilisés en temps partagé. Ainsi, une grande société internationale de conseil comme Andersen Consulting a supprimé les bureaux personnalisés : plus de table et de chaise attribuées à chacun, mais des espaces (salles de réunion ou postes de travail) à réserver comme l'on retient une chambre d'hôtel ; système qui fonctionne aussi bien à Paris, Boston, Amsterdam ou Chicago. Chez Altis, autre société de consultants, quatre-vingts salariés se partagent quarante places ou bureaux. Cette dépersonnalisation de l'espace affaiblit un peu plus le sentiment d'appartenance à une communauté devenue de fait invisible. Certes, l'entreprise « virtuelle » reste pour l'instant une formule limitée aux services qualifiés comme les cabinets de conseil, les commerciaux ou les informaticiens par exemple. Pourtant, la combinaison des possibilités technologiques, des exigences de rentabilité avec la dématérialisation croissante du travail rendent probable son extension.

Il ne s'agit pas ici de sombrer dans un quelconque catastrophisme. Gagner en liberté personnelle, choisir son temps et son lieu de travail, multiplier les expériences professionnelles, décider de la part du travail dans son temps de vie, peuvent être vécus très positivement. C'est souvent le cas chez des jeunes assez diplômés qui se voient bien, selon l'expression à la mode, dans la peau de « salariés nomades ». Ils ont notamment en commun le refus de la subordination, de la relation hiérarchique et la quête d'un travail correspondant à leurs aspirations quitte à perdre en rémunération, d'autant plus que l'assurance chômage leur garantit un filet de sécurité. Certains se reconnaîtraient volontiers dans le modèle des salariés intermittents du spectacle, alternant périodiquement travail et plages de temps disponibles avec des revenus modulables mais assurés. Cette attitude est pour l'instant très minoritaire. Pour la grande majorité des salariés, l'éclatement de la condition salariale et la déshérence de la communauté de travail sont très directement ressentis comme des menaces d'isolement et de précarité subie et non choisie. Il ne faut jamais oublier que pour les salariés, la valeur essentielle du travail n'est presque jamais dans la tâche elle-même, rarement exaltante, mais dans le monde commun partagé, dans la communauté de relations dans lequel il s'inscrit et par le lien social et les rencontres qu'il permet. Le travail a été le principal lieu de socialisation. Il n'est plus ni l'un ni l'autre.

Face à cette désagrégation de la communauté de travail qui faisait sa force, la protection syndicale paraît bien impuissante. D'autant plus que le déclin historique du syndicalisme, tout particulièrement en France, se poursuit. Chute du taux de syndicalisation (aux environs de 5 % dans le secteur privé), effondrement de la représentativité des syndicats aux élections professionnelles, perte de contrôle des syndicats avec la montée des négociations locales et décentralisées qui échappent aux grandes centrales[1], en sont les indicateurs les plus visibles. Parmi les multiples causes de ce déclin, l'individualisation du travail et l'hétérogénéité du monde salarial ne sont pas les moindres. Or, y compris pour les indifférents, les réfractaires ou l'immense majorité des non-syndiqués, les syndicats offraient une représentation symbolique de la communauté de travail dans son ensemble et contribuaient fortement à son identité et à son unité. À telle enseigne qu'Émile Durkheim rêvait de syndicats corporatistes s'unissant dans de vastes collectifs de travail pour reconstituer un lien social fort en remplacement des communautés d'appartenance dissoutes. La faiblesse du syndicalisme ne manifeste pas qu'un déficit de représentation de la communauté de travail mais pose plus profondément la question de son existence ou plutôt de son inexistence.

---

1. Gérard Donnadieu, « Où va le syndicalisme français ? », *Futuribles*, septembre 1998. Voir aussi, Pierre Éric Tixier, *Crise ou mutation du syndicalisme*, Paris, Presses universitaires de France, 1992.

LA RÉSISTANCE COMMUNAUTAIRE

Avec la dilution du lien social symbolique ou politique puis du lien social civil ou économique, ce sont donc les deux grands piliers du lien social dans les sociétés modernes qui s'effondrent. Ainsi, très schématiquement, le lien faible des sociétés qui s'est substitué au lien ancestral des communautés s'épuise à son tour comme l'avaient redouté les premiers sociologues. Et encore, la résistance de ce lien s'explique en grande partie par la survivance et même le retour des formes communautaires de la vie sociale que sont les communautés d'origine ethnique, les communautés locales, les communautés de vie, etc. Le lien social d'aujourd'hui, s'il se prétend fondé sur le contrat et non sur le lien organique et communautaire, n'est pas exempt de traces communautaires comme on vient de le voir. On parle volontiers de *communauté* politique, de *communauté* nationale ou de *communauté* de destin soudée par l'État-nation. Or il y a un danger permanent à considérer la nation comme une communauté de gens qui se « ressemblent ». Le fait national, particulièrement dans ses excès nationalistes, est bien une forme de communautarisme même s'il se situe à une autre échelle que les communautés traditionnelles. Il utilise souvent les même ressorts irrationnels et émotionnels et, en ce sens, le nationalisme est une forme moderne d'ethnicisme. Or, qu'on le veuille ou non, les sociétés n'ont jamais été aussi fortes que stimulées, à tort ou à raison, par la fibre nationale ou patriotique[1]. On le sait, ce ressort est partout latent et toujours prêt à resurgir ; il est en tout cas bien présent dans les Balkans, en Russie ou même en Afrique qui offre peut-être le meilleur exemple de confusion inextricable entre la communauté et la société, entre la tribu et la nation.

1. De *pater* rappelant l'origine familialiste du mot.

On peut dresser le même constat pour le lien civil du travail qui a également prolongé et transformé des modes de relation communautaire. On parle à juste titre de *communauté* de travail, de *communauté* des travailleurs et des salariés. De fait, les relations professionnelles ont été durablement placées sous le signe du paternalisme qui est d'ailleurs loin d'avoir disparu, réplique de la communauté patriarcale. Ne persiste-t-il pas encore aujourd'hui un esprit très communautariste, voire familialiste, dans bien des entreprises qui le considère parfois comme une recette de leur succès et de leur performance ? Le vocabulaire est révélateur : « Nous sommes une grande famille », « Il faut avoir l'esprit maison », « Nous formons un clan », « On appartient à la même tribu », etc. Toutes propositions agrémentées de formules militaristes, car l'économie est une guerre, qui renforcent des réflexes communautaristes d'un autre âge et mettent concrètement en scène des rites d'initiation et d'intronisation où la soumission, l'humiliation, voire l'abus sexuel, ne sont pas toujours absents.

SEUL LE CONTRAT EST MODERNE

Aussi l'opposition entre société et communauté n'est-elle pas si radicale et tranchée que cela. Car si, en règle générale, le respect de l'individualité et la liberté du contrat fondent incontestablement un nouveau régime du lien social, la société n'en a pas moins prolongé des formes de lien communautaire à travers le lien symbolique du politique et celui, civil, de l'économie. Cependant, en dépit de ces survivances et parfois de résurgences communautaristes face au dépérissement des liens communautaires d'antan, ne subsiste pratiquement plus du lien social que le seul contrat hors de toute relation communautaire, un lien réduit à sa plus simple expression, celle de l'idéal libéral.

C'est fondamentalement cette histoire de l'évolution et de la transformation du lien social qui est à l'origine du triomphe du libéralisme d'aujourd'hui et semble donner raison aux libéraux. C'est-à-dire, à tous ceux qui veulent réduire la société, ou toute forme de relation et d'organisation sociale, à des individus réputés libres passant entre eux un contrat fondateur qui se résume précisément à l'établissement de conditions favorables à la liberté de contracter. La société se débarrasserait enfin de ses derniers oripeaux communautaires, de la pression de groupes organisés (syndicats, partis politiques, représentants publics, voire même États-nation) qui pèsent sur les individus et sont toujours autant d'entraves à sa liberté. Nous entrerions enfin dans la « vraie » modernité, celle qui fait écho à l'esprit initial des Lumières, celui de la liberté, de l'individualité et du contrat contre le vieux monde et l'ancien régime du lien social gouvernés par la communauté, la tradition et la règle. La société et donc les liens en société n'auraient été qu'un long détour, une longue transition entre tradition et vraie modernité, un mélange des genres précédant l'avènement du seul régime qui vaille dans un monde résolument moderne à base d'individualité et de liberté : le libéralisme ou le règne du contrat. Dans cette perspective, le contrat n'aurait même plus besoin de la société qui l'a promu, il se suffirait désormais à lui-même. Le lien sociétaire serait tout entier absorbé par le seul lien contractuel. Le contrat deviendrait pratiquement la seule modalité de lien. La grande parenthèse symbolisée par le volontarisme sociétaire d'un Durkheim serait définitivement refermée. Cette thèse, qui semble triompher notamment pour cause d'extrême individualisme, a d'autant plus de force qu'elle ne se réduit pas à un vulgaire économisme, auquel on assimile généralement le libéralisme. Elle repose sur une logique de transformation en profondeur du lien social et de la relation humaine, sur une nouvelle *économie* du lien social devenu contractuel, que l'on retrouve dans toutes les activités personnelles, sociales, et bien sûr économiques. Le contrat et donc le marché s'inscrivent d'abord dans la profondeur du lien social avant de devenir un modèle économique. C'est cette montée de la « société de marché », ou plus exactement d'une représentation du monde comme grand marché, sur le modèle du lien contractuel, qui a fait le lit d'une économie de marché toute-puissante. Ce n'est pas l'inverse.

Du même coup, la grande question des sociologues du XIXe siècle nous revient, plus actuelle que jamais : le lien contractuel, ayant encore plus définitivement qu'au XIXe siècle enterré le stade communautaire mais aussi l'étape de la société, est-il viable par lui-même ? Ou pour le dire très simplement, le lien contractuel peut-il être le fondement exclusif du lien social ? Vu l'état du lien social aujourd'hui, ou plus exactement de la déliaison sociale et la perte de repères collectifs, tout semble prouver le contraire. Pourtant, en raison d'un contrat qui reste le grand symbole de la modernité et du dépassement des limites, voire de l'enfermement communautaire, l'illusion contractuelle ou contractualiste est tenace.

Chapitre II

L'ILLUSION CONTRACTUELLE

L'illusion contractuelle consiste principalement à croire que le contrat en tant que tel peut tenir lieu de lien social et même qu'il en est la forme la plus achevée. Cette illusion a été popularisée au XVIIIe siècle avec le mythe de l'état de nature dont les hommes sortiraient par un contrat primitif fondateur du lien social et de la société. Même si nous avons dépassé cette figuration naïve des origines, il n'en reste pas moins que le contrat est considéré comme la forme moderne du lien social, qu'il soit politique (contrat social), économique (le contrat du marché, le contrat de travail) ou proprement social (le contrat de mariage par exemple). Il reste en outre indissociable de l'affirmation de l'individualité et des valeurs de liberté et d'égalité qui sont à la base des sociétés démocratiques. D'ailleurs, si le contrat penche plutôt à « droite », du côté du libéralisme en accordant la prééminence de la liberté individuelle, le thème de la « société contractuelle [1] » souvent

1. La distinction entre la loi et le contrat porte sur un mode de gestion des rapports sociaux, ce n'est pas une opposition de nature, car d'un côté, aucun contrat ne saurait contrevenir à la loi, et de l'autre, l'adoption des lois résulte d'un grand contrat, le contrat social.

présentée comme un idéal fait consensus par-delà les clivages politiques. Un tel enracinement du contrat dans les valeurs de la modernité explique pourquoi les critiques de bon sens, soulignant les limites de la relation contractuelle, n'ont jamais eu beaucoup de succès. D'autant que la critique du contrat passe toujours pour un plaidoyer rétrograde en faveur du retour au lien communautaire hérité du passé.

La situation est peut-être différente aujourd'hui. En effet, chacun peut constater qu'il y a à la fois de plus en plus de contrats et de moins en moins de société, au sens de cohésion sociale et de relations humaines ; de plus en plus de contrats et pas forcément plus de liberté et en tout cas plutôt davantage d'inégalités. Mon objet est donc moins de lancer une nouvelle critique du contrat en tant que tel, que de dénoncer l'illusion ou plus exactement une double illusion contractuelle : celle du lien social et celle des valeurs qui lui seraient par nature attachées.

Lien social ou lien juridique ?

La banalité a ici la force de l'évidence : le contrat est un lien juridique qui, comme le disent les juristes, produit des effets de droit. « Ce qui finalement caractérise le contrat, écrit Jacques Ghestin, grand spécialiste de la question, c'est une procédure et des effets [1]. » Le contrat est l'acte juridique par excellence et on le qualifie en général de « grand pilier du droit [2] ».

Ce lien juridique n'est-il pas une forme de lien social ? Sans doute, mais comme l'a si bien dit Georg Simmel [3] à propos de l'argent, le contrat crée certes des relations entre

1. Jacques Ghestin, « La notion de contrat », *Recueil Dalloz Sirey*, 1990, Chronique, p. 147.
2. Jean Carbonnier, *Flexible droit*, Paris, LGDJ, 1983.
3. Georg Simmel, *op. cit*.

les humains mais en laissant les humains en dehors de celles-ci. Il n'est donc pas à proprement parler un lien social, mais constitue plutôt sa résultante. Le lien juridique présuppose le lien social plus qu'il ne le crée. Le contrat est donc moins *une forme* du lien social que *sa mise en forme* juridique, sa « contraction objective ». Il est immergé dans la densité des relations sociales dont il offre une figure particulière, singulièrement appauvrie. « Contrat » vient en effet du latin *contractus*, dérivé de *contrahere*, qui signifie resserrer, réduire, contracter et réunir. C'est souligner qu'il n'exprime ou ne met en forme qu'une partie infime du lien social qui le sous-tend. Pour l'essentiel, le contrat repose sur l'implicite du lien social dont il n'explicite que certains caractères. Ce que les juristes appellent joliment avec un bel euphémisme « l'inévitable incomplétude du contrat [1] ». Ainsi, l'expression « contrat de confiance », entrée dans les mœurs à force de publicité, est-elle assez redondante, car pour l'essentiel le contrat suppose l'entente préalable et toute une série de conventions communes et d'usages. Tout contrat en ce sens est nécessairement un « contrat d'usage », une convention de conventions. Chacun sait bien que le contrat de travail, par exemple, dit très peu de chose de la relation de travail elle-même et de la tâche attendue et produite. On reste dans les généralités où se déploie précisément le rapport social. À l'inverse, lorsque des salariés en conflit avec leur direction prétendent expliciter tous les présupposés contenus dans leur contrat de travail et les mettre scrupuleusement en œuvre, on est alors dans le cas de figure de la grève du zèle et de l'obstruction. Le plus scrupuleux respect du contrat revient à l'invalider. Ce qui prouve bien que l'interprétation commune n'émane pas du contrat lui-même, mais de l'esprit qui le gouverne. Ce sont bien les

1. Laurence Boy, « Les *utilités* du contrat », *Les Petites Affiches*, n° 109, 10 septembre 1997.

multiples conventions issues des rapports sociaux et du type de lien social qui font la réalité du contrat. D'ailleurs, un même contrat peut recouvrir des réalités très différentes et être l'objet de bien des interprétations qui sont, là encore, plus sociales que juridiques ou qui se réfèrent à la commune tradition à travers la jurisprudence.

En revanche, le contrat n'est pas sans effet sur le lien social, puisque la généralisation d'un contrat et son extension au domaine de la loi, telle la généralisation du contrat de travail, transforme les modes de vie. Mais, là encore, il n'en est pas la cause. Le droit dans son ensemble n'est que la conception sociale que l'on en a ; il est lié à une représentation de la justice à un moment donné de l'Histoire, c'est-à-dire à un certain état des rapports sociaux. On sait bien que des notions aussi fondamentales pour la justice que la liberté et l'égalité ont connu et continuent de connaître des interprétations très évolutives. Comme y insiste Émile Durkheim : « Le droit est issu des mœurs, c'est-à-dire de la vie elle-même et non l'inverse[1]. » Si c'était l'inverse, on serait moins dans une société de droit qui reflète et balise des rapports sociaux que dans une société judiciaire, où le droit se substituant au lien social, s'offrirait au pouvoir des juges et à la manipulation de techniques juridiques au profit de ceux qu'elles servent. Le pouvoir accru des juges reflète une société qui se régule moins par le lien que par le droit. Une société de droit « pur » ne tarderait pas à se soumettre à une pure tyrannie de légistes. Là résident très précisément la pente et le danger actuel. Même des penseurs réputés pour leur libéralisme s'en inquiètent légitimement, à l'image de Charles Taylor, qui écrit : « Que se passerait-il si notre culture juridique n'était plus constamment soutenue par un contact avec nos traditions de l'autorité, de la loi et une confrontation avec nos ins-

1. Émile Durkheim, *Montesquieu et Rousseau précurseurs de la sociologie*, Paris, Marcel Rivière, 1966.

titutions morales. Serions-nous assurés de comprendre ce qu'exigent l'autorité de la loi et la défense des lois[1] ? »

EST-ON LIBRE DE CONTRACTER ?

Si le contrat ne forme pas en tant que tel un lien social, il n'est pas plus synonyme des valeurs de liberté et d'égalité qu'on lui prête habituellement. C'est la concomitance entre la montée de l'individualisme, l'affirmation des principes abstraits de liberté et d'égalité et la publicité faite au mode contractuel à la fin du XVIIIe siècle qui nous a persuadé de l'idée que les individus rééditent à chaque fois l'expérience du contrat idéal fondé sur le libre arbitre, le libre échange et l'égalité des parties. Comme le dit Alain Supiot : « Le contrat renvoie à une idéologie individualiste et libérale qui postule la liberté et l'égalité des individus et affirme la primauté de l'individu sur le groupe et de l'économique sur le social[2]. »

En réalité, comme chacun peut facilement s'en rendre compte, le contrat n'est pas un libre échange (si ce n'est de signatures), mais un fait juridique « préfabriqué ». C'est une cristallisation des rapports sociaux qui entérine un certain rapport de forces sur lequel on a peu de prise. Soit il s'agit d'un contrat-institution (contrat de mariage par exemple), soit il s'agit d'un contrat « d'adhésion » (contrat d'assurance par exemple), qui de fait s'impose aux individus. Or, comme le soulignent les juristes, dans les sociétés modernes, soumises à une sorte d'inflation juridique, ces contrats types se sont à ce point développés qu'ils sont devenus la règle et qu'ils finissent par avoir force de loi[3].

---

1. Charles Taylor, *L'Atomisme, la liberté des modernes*, Paris, Presses universitaires de France, 1997.
2. Alain Supiot, *Critique du droit du travail*, Paris, Presses universitaires de France, 1994.
3. Jacques Ghestin, *Droit civil, les obligations, le contrat*, Paris, LGDJ, 1980.

Quant à la liberté d'adhésion, on peut s'interroger par exemple sur la réelle liberté que l'on a de signer un contrat de travail ou non. À l'image de l'économie de marché, dont il est le support [1], le contrat est plutôt du côté de l'offre (institutionnelle) que du côté de la demande (du public). À ce sujet, il est d'ailleurs très instructif d'observer l'évolution considérable de la doctrine des juristes qui sont évidemment les défenseurs naturels du contrat. En raccourci, ils sont passés de la définition la plus classique du contrat comme « accord des volontés », à celle, plus relative, d'« adhésion », puis à celle de « consentement », pour évoquer de plus en plus fréquemment aujourd'hui celle de « résignation ». Ainsi, l'illusion de la liberté contractuelle, qui est la base de la rhétorique du libéralisme, ne fait même plus recette chez les juristes. Ni même chez les économistes, autres grands défenseurs du contrat, si l'on en croit le succès croissant de « l'économie des conventions [2] » dont les critiques rejoignent largement celles des juristes. Ainsi, comme le résume Jacques Ghestin : « La théorie de l'autonomie de la volonté, qui a dominé l'enseignement du droit des contrats depuis le début du siècle, n'est plus affirmée aujourd'hui que par la doctrine civiliste la plus traditionnelle [3]. »

LE CONTRAT EST INDIFFÉRENT À L'ÉGALITÉ

On se doute que si le contrat est plus du côté de la contrainte que de l'autonomie, l'égalité présumée dans le contrat s'avère plus fictive encore que sa liberté. De fait, la relation contractuelle est le plus souvent asymétrique et

1. Voir Bernard Salanié, *Théorie des contrats*, Paris, Economica, 1994.

2. « L'économie des conventions », J.-P. Dupuy, F. Eymard Duvernay, O. Favereau, A. Orléan, R. Salais, L. Thévenot, *Revue économique*, vol. 40, n° 2, mars 1989. Voir également les livraisons de *La Lettre de la régulation* publiée par l'association Recherche et Régulation.

3. Jacques Ghestin, *op. cit.*

plutôt que deux « contractants » en position de relative égalité, le contrat oppose en général un « contractant » et un « contracté » pour ainsi dire. Rien d'étonnant à cela, car en matière de contrat, le droit n'a jamais prétendu ni stipulé l'égalité des parties mais l'intérêt réciproque. Ce qui est fort différent et ne préjuge pas de la disproportion ni des intérêts ni des forces en présence. Dans le cas exemplaire du contrat de travail, la définition générale retenue ne laisse aucune place à l'ambiguïté : « Le contrat de travail est la convention par laquelle une personne s'engage à mettre son activité à la disposition d'une autre sous la *subordination* de laquelle elle se place, moyennant rémunération[1]. » L'inégalité est ici la condition de validité du contrat organisant des intérêts opposés. Pour prendre aussi l'exemple du contrat de mariage, ce n'est que très récemment qu'est reconnu le principe d'égalité entre époux après maintes révisions successives.

Mieux encore, la concertation et la négociation, même entre forces inégales, qui paraissent inséparables de la conclusion d'un contrat ne le sont nullement en droit. Comme l'écrit à nouveau Jacques Ghestin : « Si l'absence de négociation ne suffit pas à écarter la qualification de contrat, de même la négociation ne suffit pas à justifier cette qualification. Autrement dit, la négociation n'est pas le critère du contrat[2]. » Tout juste est-il nécessaire de faire la preuve que la décision de contracter n'est pas purement unilatérale même si, dans l'accord, « le poids de l'une des volontés a pesé particulièrement lourd et que le consentement de l'autre ait été fait de beaucoup de résignation[3] ». On retrouve ici l'idée de résignation qui consiste finalement à se résigner dans la plupart des cas à la quasi-absence de liberté et d'égalité dans un pseudo-lien social censé les incarner.

---

1. Guillaume H. Camerlynck, « Le contrat de travail », *Traité de droit du travail*, t. I, Paris, Dalloz, 1988.
2. Jacques Ghestin, *op. cit.*
3. *Ibid.*

Au total, le contrat ne forme donc pas un lien social et n'implique aucunement les valeurs de liberté et d'égalité. Ce qui ne veut pas dire à l'inverse qu'il les exclut : un contrat peut très bien renforcer, voire souder, un lien social (mariage ?) ; il peut tout aussi bien traduire de libres relations fondées en égalité. Outre qu'il s'agit plutôt d'exception que de règle, le contrat en est la conclusion (on dit à juste titre conclure un contrat ou conclure par un contrat) et non la condition. En réalité, le contrat est neutre à l'égard du lien social comme des valeurs. Cette neutralité fait toute sa force, car elle objective et naturalise un état donné des rapports sociaux qui par l'effet du droit apparaissent comme évidents et « justes ». C'est tout l'artifice de la procédure juridique qu'est le contrat mais aussi toute la pesanteur de l'histoire d'une illusion par laquelle le contrat reste frappé du sceau des valeurs démocratiques.

Plus de contrat, moins de société

LA LOI COMME LIEN ?

Au demeurant, la réalité se charge aujourd'hui de nous éclairer sur l'illusion contractuelle. Alors qu'on assiste à la prolifération des contrats, à la montée du juridisme, du judiciaire et de leurs pouvoirs, on constate parallèlement la désagrégation du lien social, l'explosion des inégalités et de nouvelles menaces pour la liberté. Ainsi, loin de produire un lien social, le contrat achèverait de le dissoudre. En l'absence de lien social, le contrat n'est pas *social*. Il n'est plus que *légal*.

La rétraction du lien social et l'anonymat favorisent un climat d'insécurité et de violence auquel répondent la répression et la pénalisation, lesquels, en retour, alimentent la violence et durcissent les rapports sociaux. On entre alors dans l'engrenage pernicieux de la déliaison-répression. Si le nombre global de délits ne semble pas progresser particulièrement selon les statistiques policières, en revanche les enquêtes dites de *victimisation*, dans lesquelles les individus déclarent avoir été agressés sans qu'il y ait nécessairement des plaintes ou des poursuites judiciaires, multiplieraient par deux ou trois le nombre des délits. C'est donc moins la gravité de la violence ou même la délinquance qui sont directement en cause qu'un climat de violence et d'incivilité. Ce climat général règne dans la rue comme dans le milieu des affaires ou dans les entreprises. Sa diffusion dans presque toutes les sphères de la société traduit l'échec du lien social et l'inefficacité croissante de la réponse contractuelle et juridique.

La suspicion, le conflit larvé et la médiation juridique deviennent la règle. Le droit et le contrat deviennent les modes de relation obligés, souvent les seuls. Comme le résume Philippe Sollers, dans un article du *Monde* : « Les individus ne peuvent plus qu'envisager des rapports juridiques avant même de s'adresser la parole [1]. » Auquel fait écho le critique littéraire américain Richard Bernstein, dans le *New York Times* : « Nous sommes en permanence impliqués dans des querelles judiciaires qui durent des années et coûtent des millions de dollars. »

LES *LAWYERS* FONT LA LOI

Il est vrai qu'aux États-Unis, la domination des avocats et autres *lawyers* est sans partage à tous les échelons de la société, de la politique au monde du business comme dans la vie courante. Ce sont d'ailleurs souvent les mêmes qui officient aux divers échelons puisqu'ils occupent près de 40 % des sièges au Congrès. Ils témoignent d'une judiciari-

1. Philippe Sollers, *Le Monde*, 14 mars 1998.

sation de la société dans un pays où la loi du contrat s'est étendue plus rapidement qu'en Europe encore ancrée dans le droit écrit romano-germanique. La représentation juridique de la société est telle qu'un de ces *lawyers* entre New York et Paris trouve naturel d'écrire : « L'instrument principal de régulation de la société, parallèlement à la fonction de marché dans l'ordre économique, est le système juridique qui définit les compétences et les relations des divers acteurs. » Il insiste : « La règle de droit reçoit naturellement pour mission de réguler les rapports sociaux, de même que la loi du marché régit l'économie [1]. » Malheureusement, le constat est aujourd'hui assez exact. Les entreprises s'arrachent à prix d'or des *lawyers* qui, par leur habileté, leur permettent de faire valoir leurs propres « droits » comme le seul droit et de l'imposer dans la négociation des contrats. Nulle trace de justice ou d'égalité juridique des parties dans ces contrats mais l'expression de la loi du plus fort couverte par des clauses juridiques qui en reflètent l'arbitraire. Comme l'observe Mireille Delmas-Marty : « À la loi du marché répond aujourd'hui un marché de la loi. Au risque d'en arriver à une instrumentalisation du droit au service du marché qui aboutit ainsi à transformer certains cabinets d'avocats en véritables *marchands de droit* [2]. »

Le problème est que, mondialisation aidant, ce modèle de gestion des rapports sociaux s'étend. Les Européens de Bruxelles ont beau dénoncer cette hégémonie du droit anglo-saxon, qui édicte des normes à la convenance des grandes compagnies, celles-ci ne veulent pas entendre parler d'un ordre mondial ou de contrats prenant en compte un quelconque lien social ou des valeurs d'égalité si ce n'est de liberté. De ce point de vue, le contrat a été tota-

1. Laurent Cohen-Tanugi, *Le Droit sans l'État*, Paris, Presses universitaires de France, 1985.
2. Mireille Delmas-Marty, *Trois défis pour un droit mondial*, Paris, Le Seuil, 1998.

lement instrumentalisé par le droit au détriment de ces valeurs d'origine dont il était initialement le support. Le droit contractuel est devenu un outil de domination qui s'exporte et leur puissance économique donne aux Américains le moyen d'imposer au monde entier la vision contractuelle qui leur est profitable. Ce qui provoque une inflation juridique mondiale[1] : sous couvert de « contrat », elle ne cesse de renforcer la loi du fort au faible et les inégalités. En ce sens, il n'est pas juste de condamner l'absence de régulation, ce sont plutôt les fondements et les modes de régulation qui sont en cause.

L'ÉTAT-PÉNITENCE

À proportion du délitement du lien social, on retrouve la même invasion des rapports juridiques dans la vie quotidienne. Du conflit de voisinage à l'altercation dans la rue, le droit et de plus en plus souvent la pénalisation apparaissent comme des modes de gestion des rapports sociaux.

Aux États-Unis, ce sont six millions d'Américains qui sont sous tutelle pénale, soit 5 % de la population adulte, dont un jeune Noir sur trois. On comptait 1,725 million de prisonniers soit près de 700 détenus pour 100 000 habitants d'après les dernières statistiques officielles d'août 1998, contre à peine plus d'un million en 1990. Étant donné que, sur la même période, la criminalité a plutôt régressé, il faut en conclure un fort durcissement du régime des condamnations et des peines. Parmi les détenus, plus de 100 000 sont condamnés à perpétuité, auxquels s'ajoutent les 7 500 qui attendent dans les couloirs de la mort selon l'association *The Sentencing Project*. En 1999, 92 d'entre eux ont été exécutés, triste record inégalé depuis 1952.

Cette effrayante montée de la pénalisation et de l'incarcération est quasi générale même si les pays européens res-

1. *Ibid*.

tent encore très en deçà de la situation américaine. À ce sujet, Loïc Wacquant[1] estime qu'il faut replacer ces chiffres dans le contexte plus large d'un virage de l'État-providence vers l'État-pénitence, de l'État social vers l'État pénal. Le contrat n'est plus social mais purement légal, de plus en plus proche d'un modèle autoritaire, « libéral-paternaliste » ou « libéral-punitif », qui traduit l'enfermement dans le cycle déliaison-répression. À ce stade, le libéralisme tue le libéralisme. C'est en tout cas le constat d'un modèle où le lien social dissous dans et par l'économique ne tient plus que par un ordre répressif où la loi se substitue au lien.

LA PÉNALISATION DES MINEURS

Une tendance plus récente révèle bien l'intensification et l'élargissement du recours à la répression : la mise en cause de plus en plus fréquente d'adolescents et d'enfants dans les procédures judiciaires. À travers leurs parents, mais aussi par leur propre expérience, les enfants souffrent d'un déficit d'insertion et surtout de sens, de ce que j'ai appelé le lien social symbolique. Déficit de sens qui se manifeste particulièrement dans l'institution scolaire en raison de l'écart entre la culture d'origine et la culture scolaire mais aussi parce que l'école ne garantit plus aucun avenir. Non seulement l'école ne compense plus la fragilité du lien familial mais, débordée par les multiples missions dont on l'accable, elle échoue à produire du sens pour toute une catégorie de jeunes[2]. De provocations en révoltes, de révoltes en incivilités et d'incivilités en violence, la réaction tourne vite à la délinquance. Un pays comme la France n'a

1. Loïc Wacquant, *Les Prisons de la misère*, Paris, Raisons d'agir, 1999.

2. Une très abondante littérature en a fort bien cerné les ressorts, mais comment réagir face à un délitement global du lien social ? Pour une bonne synthèse de la question : François Dubet, Bernard Charlot, « Le sens de l'école », *Sciences humaines*, n° 76, octobre 1997.

pas encore déployé un arsenal trop répressif ; on se contente surtout de stigmatiser les « sauvageons » et de menacer de retour en centres disciplinaires, à l'image des anciennes maisons de correction. Mais d'autres pays ont franchi le pas et tendent à infliger aux enfants des peines d'un autre âge que l'on croyait réservées à des adultes. La Grande-Bretagne a ainsi adopté un dispositif répressif inédit en parfaite violation de la convention des Nations-Unies sur les droits des enfants. Selon la loi de 1994 sur la question criminelle et l'ordre public, les tribunaux ordinaires peuvent juger les mineurs accusés de crimes graves. Récemment, quatre enfants âgés de neuf à dix ans se sont retrouvés sur le banc des accusés au tribunal criminel de l'Old Bailey à Londres [1]. Leur crime ? ils sont accusés de viol sur une de leurs camarades de classe âgée de neuf ans (?). Finalement, trois jours de débats, d'interrogatoires et de contre-interrogatoires, que l'on imagine plutôt traumatisants, apprendront que, s'il y a bien eu viol, il a été commis par un adulte.

Au total, entre 1995 et 1997 le nombre d'adolescents emprisonnés a progressé de 17 % en Angleterre et au pays de Galles malgré les protestations de la *Howard League for Penal Reform* qui juge que les conditions d'emprisonnement en font de véritables « écoles du crime ».

LE SEXE ET LA JEUNESSE

Le scénario est identique aux États-Unis. Un cas a particulièrement ému l'opinion européenne plus qu'aux États-Unis même, où ce genre d'affaires tend à se banaliser. Il s'agit du cas du petit Raoul, âgé de onze ans, « surpris » par une voisine en train de toucher le sexe de sa petite sœur. La voisine alerte la police du comté de Jefferson, dans le Colorado, qui emmène l'enfant menottes aux poignets et le pré-

1. *Le Monde*, 27 janvier 1999.

sente au tribunal de Denver en « tenue pénitentiaire ». Le juge estime alors qu'il existe suffisamment de preuves pour accuser l'enfant « d'inceste avec aggravation » (?). L'enfant est placé en centre de détention et sa famille contrainte à l'exil. Il ne s'agit pas du simple dérapage d'un juge puritain confondant jeu prépubère et crime sexuel, mais d'une politique judiciaire délibérée qui s'applique dans de très nombreux États américains. En Alabama, par exemple, les amoureux qui s'embrassent en public peuvent être condamnés à trente jours de prison ; ceux de l'Iowa ont un peu plus de chance ; ils ne seront poursuivis que si le baiser dure plus de cinq minutes ! Quant à l'État de New York, l'ancien maire de la ville, Rudolph Giuliani, avait fait de la lutte contre les « jeunes criminels » et les « délinquants sexuels » un axe prioritaire de sa politique avec un succès électoral garanti dans l'opinion.

On remarque sans surprise que dans nombre de condamnations, sexe et jeunesse sont fréquemment associés. Le cocktail a toujours paru menaçant pour l'ordre établi ou à rétablir. L'insistance sur le « crime » ou la « déviation » sexuelle symbolise toujours l'intrusion du juridique dans la vie privée, c'est-à-dire une tentative de police des mœurs ou, à tout le moins, le retour d'un ordre moral face à un ordre social qui se décompose. En ce sens, le retour de la morale est moins une réaction à des mœurs dissolues que l'angoisse d'un vide social propice à la projection de tous les phantasmes. L'ordre moral comme l'ordre juridique qui lui donne force de loi est une manière de recréer un ordre artificiel à proportion de la dissolution sociale qu'ils servent plus à masquer qu'à remplacer. De même, l'insistance sur la jeunesse symbolise en fait une volonté de reprise en main de la société par la contrainte, par un ordre imposé de l'extérieur, sorte de rééducation généralisée par morale et droit interposés d'une société d'individus qui ne savent plus vivre ensemble.

LE DROIT CONTRE LA JUSTICE

Non seulement le contrat ne constitue pas un lien social et n'implique ni liberté ni égalité, mais son hégémonie croissante, et le juridisme qui l'accompagne, sapent un peu plus le lien social et rendent les individus encore plus étrangers les uns aux autres. C'est par réaction et compensation à cette déliaison sociale que s'instituent progressivement un ordre moral et une société judiciaire. En ce sens, trop de contrat tue le contrat pour paraphraser les juristes qui estiment qu'aujourd'hui l'inflation juridique et l'excès de droit discréditent le droit et plus encore l'idée de justice. L'affaire Michael Pardue est ici exemplaire, mais non exceptionnelle. En Alabama, Michael Pardue est condamné à perpétuité en 1973 après avoir « avoué » trois meurtres, sous contrainte policière. Par trois fois, il cherche à s'évader pour prouver son innocence. La justice reconnaît finalement son erreur et l'innocente. Mais ses tentatives d'évasion le font tomber sous le coup de l'*Habitual Offender Act* de l'Alabama[1], lequel condamne les récidivistes à une peine de perpétuité. En conséquence, en dépit de l'erreur de justice et de son innocence, le détenu Michael Pardue terminera sa vie en prison.

On confine ici à l'absurde par l'application aveugle et mécanique d'un droit enfermé dans sa seule logique. Comme le reconnaissent nombre de juristes[2], mais aussi de magistrats perdus dans le maquis du droit et des règlements, il devient urgent de revenir à un droit simplifié,

---

1. Ce nouveau type de loi particulièrement répressive pour les récidivistes n'est pas réservé à l'État d'Alabama, elle sévit dans d'autres États comme en Californie sous le nom de *Three Strikes Law.*

2. Notamment les juristes qui n'oublient pas que le droit comme l'économie sont des sciences de l'homme. Voir Norbert Rouland, *Anthropologie juridique*, Paris, Presses universitaires de France, 1995 ; *Aux confins du droit*, Paris, Éditions Odile Jacob, 1991.

réduit à de plus justes mesures et surtout à un droit qui émane de la société et non l'inverse. Un droit porté et irrigué par le lien social et non un droit qui en tienne lieu. On peut aussi méditer sur la sagesse des Anciens, en particulier des Romains, orfèvres en la matière, qui avaient déjà perçu les inconvénients de trop s'en remettre aux contrats et les avaient limités en conséquence [1]. Romains dont il faut ici rappeler le fameux adage : *Summum jus, summa injuria* [2].

L'HORREUR CONTRACTUELLE ?

Le moins qu'on puisse dire est qu'outre-Atlantique, on n'est guère sensible à ce genre de précepte où juridisme et contractualisme triomphent. La question du droit et des droits est même devenue la principale ligne de défense du libéralisme autour de la justice procédurale et des droits de l'homme, avec des auteurs comme John Rawls [3] ou Ronald Dworkin [4]. La question du libéralisme, retrouvant là ses origines, se pose aujourd'hui autant sur le terrain de la philosophie politique, celui du contrat social, que sur sa terre d'élection, celle de l'économie. Les libéraux se placent plutôt du côté du droit et du contrat, et leurs critiques plutôt du côté du lien social comme les communautariens. La critique de ces derniers est bien résumée à travers la question fondamentale que leur pose Michael Sandel : « Une communauté qui donne la priorité à la justice peut-elle jamais être plus qu'unc communauté d'étrangers [5] ? »

1. « À Rome, les juristes énuméraient les contrats susceptibles d'être conclu (contrats nommés) et les étudiaient un à un » (François Chabas, « Histoire du contrat », *Leçons de droit civil*, t. II, vol. 1, Paris, Montchrestien, 1991).
2. « L'excès de droit est source de grande injustice. »
3. John Rawls, *Théorie de la justice*, Paris, Le Seuil, 1987.
4. Ronald Dworkin, *Taking Rights Seriously*, Cambridge, Harvard University Press, 1977.
5. Michael Sandel, *Liberalism and Limits of Justice*, Oxford, Oxford University Press, 1982.

Ni le droit, ni le contrat n'apportent de réponse au déficit du lien social et sont plutôt des aveux d'impuissance.

D'autres, partant du même constat de substitution de la loi au lien, s'interrogent sur les limites de démocraties procédurales, et sur les transformations induites par un transfert de pouvoir vers des instances juridiques autonomes (type autorités de régulation). Ainsi, Benjamin Barber s'inquiète de la dérive vers des « démocraties juridiques » et/ou autoritaires, qu'il définit comme « une tendance à l'arbitrage, à l'adjudication et à la protection des droits (au premier rang de ses justifications) confiés à un pouvoir judiciaire représentatif[1] ». Chacun sent bien que, si le règne du contrat réduit à sa fonction juridique conduit finalement à des démocraties de type judiciaire-autoritaire, on glisse alors paradoxalement vers des régimes liberticides et totalitaires. Le comble serait qu'au bout du compte le contrat, si longtemps synonyme de liberté, n'en devienne le fossoyeur. Il ne s'agirait alors plus seulement d'illusion contractuelle mais « d'horreur contractuelle ».

Comment en est-on arrivé là ? Comment s'est « fabriquée » cette illusion contractuelle ? Et comment la conception initiale du contrat, délivrant de la tyrannie et du despotisme des sociétés de corps de l'Ancien Régime, a-t-elle pu être à ce point détournée ?

1. Benjamin Barber, *Démocratie forte*, Paris, Desclée de Brouwer, 1997.

Chapitre III

LE CONTRAT ET L'ASSOCIATION

La force de l'illusion contractuelle tient d'abord à la pesanteur de sa glorieuse histoire qui, répétons-le, se confond avec celle de la modernité. Si le contrat ne peut être assimilé ni à la liberté ni à l'égalité, il a incontestablement symbolisé une extraordinaire *libération* et une formidable avancée vers l'égalité au cours des XVIIe et XVIIIe siècles. Notamment une libération du joug communautaire, du poids de la tradition, des corps constitués et du régime des castes. Toutefois, le contrat n'en est que le symbole et la représentation. Cette « révolution » nous vient de très loin, de la profonde mutation des mœurs et des idées. Autrement dit, d'une mutation dans le lien social, en particulier avec la reconnaissance de l'individu et la montée de l'individualisme qui transforment la nature des rapports sociaux. Le contrat moderne est incompréhensible et même impensable sans cette affirmation de l'individualité qui est à la base de l'idéologie moderne[1]. L'émergence de l'individu et d'une nouvelle forme d'*association* précède le contrat et

1. Louis Dumont, *op. cit*.

conditionne sa généralisation. C'est cette nouvelle composition de l'*association* des hommes entre eux qui fonde le contrat et que réfléchira la philosophie des Lumières.

LA RECONNAISSANCE PUBLIQUE DE L'INDIVIDU PRIVÉ

Sans remonter trop loin, il faudrait avec les historiens traquer tous ces indices de décomposition-recomposition du lien social autour des nouveaux rapports de l'individu à la communauté. C'est, par exemple, le rapport à Dieu qui s'individualise, sous les influences successives de St Thomas d'Aquin à Calvin jusqu'à Bossuet, prêchant un dialogue direct des consciences avec Dieu. Les hommes passent moins par le filtre communautaire dans leur relation avec Dieu. Si la relation à Dieu s'autonomise et s'individualise, il en va de même des relations des hommes entre eux : « Une nouvelle conception s'impose avec un nouveau rôle de l'affectivité, de la sexualité, du rapport à la norme et au social », écrit l'historien Daniel Roche[1]. La communauté ne règne plus sans partage. Même l'influence du lignage et de la communauté familiale perdent du terrain. Si l'autorité paternelle reste la pierre angulaire de la société, avec la figure emblématique du monarque et celle, quotidienne, du *pater familias*, s'y opposent de plus en plus les droits et les devoirs réciproques de chacun et une gestion des relations qui se formalisera peu à peu dans un régime contractuel. Ainsi, en 1724, l'autorisation des parents comme préalable au mariage est abolie. Un peu plus tard, la laïcisation du mariage qui accompagne celle de l'état civil, ainsi que le droit de divorcer sont reconnus le même jour, le 20 septembre 1792. La famille elle-même se réduit favorisant l'individualisation et la reconnaissance de chacun de ses membres. Elle n'est déjà plus de type communautaire sans être encore du genre nucléaire. Le « feu », c'est-à-dire le foyer, presque

1. Daniel Roche, *La France des Lumières*, Paris, Fayard, 1993.

déjà le ménage, devient l'unité de base de l'impôt et de tous les comptages.

Parallèlement, on assiste à ce que le philosophe canadien Charles Taylor[1] a appelé l'invention de l'intériorité qu'il tient pour essentielle dans la transformation du lien social. C'est la mode du journal intime, des autobiographies et des portraits intimistes, naissance d'une vie privée aussitôt rendue publique pour témoigner de son importance et de la transformation du lien social qu'elle induit[2]. Les relations entre les individus se psychologisent et l'intime devient d'intérêt public, culminant avec *Les Liaisons dangereuses* de Laclos (1782[3]). L'individualité n'est pas seulement un sujet de société, c'est l'individu qui devient *le* sujet social et progressivement le sujet du social. Cette transformation de la relation sociale va s'accompagner de l'extension du régime des contrats, de leur multiplication et de leur individualisation. Peu à peu, le droit et le contrat envahissent la vie privée et s'imposent au pouvoir communautaire. L'institution des tribunaux familiaux pour régler les litiges usuels illustre bien ce mélange de tradition communautaire et de droit contractuel.

Le régime contractuel est ainsi associé à cette libération progressive de l'individu et à ses aspirations égalitaires qu'il vient sanctionner, formaliser, légitimer et rendre publics. C'est pourquoi on peut très facilement comprendre que l'on ait identifié (abusivement) le contrat aux valeurs de liberté et d'égalité. D'autant que cette mutation du statut de l'individu qui transforme la nature du lien social s'accompagne, avec la philosophie des Lumières, d'une évolution aussi profonde des idées politiques et des théories économiques dont le contrat est également le centre.

---

1. Charles Taylor, *Les Sources du moi*, Paris, Le Seuil, 1998.
2. Philippe Ariès et Georges Duby (dir.), *Histoire de la vie privée, De la Renaissance aux Lumières*, t. III, Paris, Le Seuil, 1986.
3. Pierre Ambroise Choderlos de Laclos, *Les Liaisons dangereuses*, Paris, Gallimard, coll. « Folio », 1972.

LA VOLONTÉ D'ASSOCIATION ET LE CONSENTEMENT AU CONTRAT

Dans le domaine des idées politiques, la progression des aspirations libertaires et égalitaires se traduit, tant en France qu'en Angleterre, par les doctrines du contrat social qui fondent toujours notre représentation de la démocratie. Là encore, le contrat (politique) passe pour être à la source des valeurs démocratiques et d'un nouveau lien social.

Toutes ces doctrines partent de l'état de nature, dont la principale vertu est moins de rechercher une hypothétique origine de l'homme que de penser la « naturalité » de l'état de liberté et, si ce n'est l'égalité, tout au moins l'état de non-inégalité [1]. Dans cette conception, le contrat est idéalement la préservation et l'organisation collective de ces droits naturels dans la société, que ce soit sous forme d'expression de la volonté générale chez Rousseau [2], d'identification à un souverain tel le Léviathan de Hobbes [3], ou d'un *trust* (contrat de confiance) entre le peuple et ses représentants chez Locke [4]. Dans l'interprétation classique, le contrat social apparaît ainsi comme le fondement du lien social et le garant des droits naturels.

Pourtant, on escamote en général une étape primordiale du processus contractuel que je veux ici particulièrement souligner : celle du consentement au contrat. En effet, les hommes ne passent pas directement de l'état de nature au contrat. Ils passent par une étape intermédiaire essentielle, celle de la *libre association* des hommes entre eux qui traitent en égaux. Le contrat scelle ce consentement mutuel de l'association et donne aux droits naturels toute la force

1. Jean-Jacques Rousseau, *Discours sur l'origine et les fondements de l'inégalité parmi les hommes*, Paris, Gallimard, coll. « Folio », 1985.
2. Jean-Jacques Rousseau, *Du contrat social*, Paris, Le Livre de poche, 1996.
3. Thomas Hobbes, *Léviathan*, Paris, Sirey, 1971.
4. John Locke, *Traité du gouvernement civil*, Paris, GF, 1992.

du droit positif. C'est l'association d'hommes naturellement libres et égaux qui est donc à la base du contrat social. Sans association préalable, sans lien social immédiat, il ne peut y avoir de contrat social. Le contrat est moins fondateur que fondé sur l'association d'hommes libres et égaux qui entendent le rester par contrat. D'ailleurs les modalités de ce contrat, en termes de régimes politiques, varient d'un philosophe à l'autre et vont de la monarchie absolue à la démocratie. Le contrat est inassimilable à la démocratie même s'il la permet. En ce sens, la grande nouveauté philosophique et politique n'est pas tant la nature du contrat, mais bien plus ce qu'il suppose comme nouveau lien social entre les individus qui les amène à contracter. C'est-à-dire la libre association, et non plus les ordres de la tradition et des communautés.

Pour Rousseau, c'est l'acte d'association qui fonde l'ordre social puisqu'il s'agit de : « Trouver une forme d'*association* qui défende et protége de toute la force commune la personne et les biens de chaque *associé*, et par laquelle chacun s'unissant à tous n'obéisse pourtant qu'à lui-même et reste aussi libre qu'auparavant [1]. » Le contrat est là pour garantir cette association et non pour s'y substituer : « Il n'y a qu'un contrat dans l'État, c'est celui de l'association et celui-là seul en exclut tout autre. On ne saurait imaginer aucun contrat public qui ne fût une violation du premier [2]. » Tout au long du célèbre texte de Rousseau, cette référence à l'association ou au pacte social initial revient sans cesse, beaucoup plus fortement que le contrat lui-même qui en dérive.

La conception de départ est identique chez Locke pour lequel ce sont le consentement mutuel et la libre association qui fondent le contrat : « Les hommes ainsi qu'il a été dit,

1. Jean-Jacques Rousseau, *op. cit.*
2. *Ibid.*

étant naturellement libres, égaux et indépendants, nul ne peut être tiré de cet état, et être soumis au pouvoir politique d'autrui, sans son consentement, par lequel il peut concevoir, avec d'autres hommes, de se joindre et s'unir en société pour leur conservation, pour leur sûreté matérielle, pour la tranquillité de leur vie, pour jouir paisiblement de ce qui leur appartient en propre, et être mieux à l'abri des insultes de ceux qui voudraient leur nuire et leur faire du mal[1]. »

LE CONTRAT D'ASSOCIATION

Certes, la différence entre le contrat et l'association n'apparaît pas toujours explicitement dans ces grands textes classiques où ils sont parfois pris l'un pour l'autre. C'est qu'en définitive le contrat dont il s'agit est un « contrat d'association ». Le contrat social, tout particulièrement chez Rousseau, est un contrat d'association, un contrat sur l'association à laquelle il donne une valeur politique et juridique. Le contrat social, c'est l'association plus le contrat. On conçoit aisément ici que la véritable révolution dans l'histoire des idées soit évidemment d'abord celle de la conception d'hommes libres et égaux qui s'associent *de facto*, avant le contrat politique qui en découle *de jure*[2]. Comme l'a écrit l'un des grands spécialistes de la philosophie des Lumières : « La société n'est pas constituée et ne l'a jamais été sur la base d'un contrat. La société est une association à toutes fins – en toute science, en tout art, en toute vertu et en toute perfection – qui transcende la notion de droit et a crû et existe par soi-même. Dans le sens strict du

1. John Locke, *op. cit*.
2. Sur ce point, la doctrine du « double contrat », et en particulier de Samuel Pufendorf (*Droit de la nature et des gens*, 1672), qui influencera Rousseau, a le mérite de la clarté. Pour Pufendorf, le contrat social s'élabore en deux temps : d'un côté un pacte social d'union (*affectio societatis*), celui de la libre association, de l'autre un contrat de soumission à l'autorité politique que les membres associés acceptent de se donner.

mot "social", il n'y a pas, et il n'y a jamais eu, de contrat social[1]. »

DES HOMMES EN SYMPATHIE

Plus encore qu'en matière de philosophie politique, les théories économiques libérales, qui s'affirment à la même époque sont interprétées à partir du contrat. Au contrat politique correspond le contrat économique et ses dérivés, le contrat commercial, le contrat de travail, etc. Le contrat de travail, par exemple, est libérateur, car il permet de s'affranchir des dépendances communautaires et de louer librement ses services au plus offrant dans l'anonymat du marché. Et qu'est-ce que le marché, sinon un vaste espace de libre circulation des biens et des personnes réglé par le contrat ?

Pourtant, là encore on élude les conditions dans lesquelles l'économie de marché a été réfléchie à son origine, notamment par le plus célèbre de ses penseurs : Adam Smith. On sait qu'avant d'être économiste, Smith est d'abord un moraliste[2]. Sa théorie économique et sa vision fondatrice du marché reposent sur une conception morale de l'homme et de ses rapports sociaux, c'est-à-dire du lien social. Avant d'écrire sa célèbrissime *Richesse des nations* en 1776[3], sorte de catéchisme de l'économie libérale, on redécouvre (ce qui n'était pas « oublié » mais occulté) que Smith est d'abord l'auteur d'une *Théorie des sentiments moraux*, datant de 1759[4]. Œuvre qui lui était particulière-

1. Ernest Barker, Introduction à *Social Contract, Essays by Locke, Hume and Rousseau*, Londres, The World's Classics, n° 511, 1947.

2. Adam Smith (1723-1790) était titulaire d'une chaire de philosophie morale à l'université de Glasgow dans laquelle il enseignait l'économie politique.

3. Adam Smith, *Enquête sur la nature et les causes de la richesse des nations*, Paris, Presses universitaires de France, 1995.

4. Adam Smith, *Théorie des sentiments moraux*, Paris, Presses universitaires de France, 1999.

ment chère, puisqu'il y travaillera et la rééditera jusqu'à sa mort en 1790. Pour être bien comprise, sa *Richesse des nations* doit être resituée dans la perspective générale de sa *Théorie morale* qui l'englobe et l'annonce à la fois.

En résumé, Smith considère que la nature humaine est ainsi (bien) faite qu'y domine le sentiment naturel de *sympathie* (titre du premier chapitre de la *Théorie*) entre les hommes. En *sympathie*, les hommes forment une association naturelle entre eux. C'est toujours une vision de la société comme association naturelle qui est ici encore à la base de la théorie morale de Smith, et que reflétera sa théorie économique avec un libre échange qui profite à tous. Le marché doit être la transposition dans le domaine économique de la sociabilité naturelle et bienveillante des hommes entre eux, tout comme le contrat social la réalise dans le domaine politique.

LE MARCHÉ DANS LA MAIN DE LA MORALE

Smith n'est pas un naïf. Il conçoit bien l'affrontement des passions dont l'avidité, la cupidité et l'égoïsme qui peuvent neutraliser la *sympathie* naturelle. Si la nature bienveillante des hommes peut être contrariée, *grâce à Dieu*, c'est la Nature elle-même par l'intermédiaire de la main invisible qui y pourvoira et qui transformera l'intérêt personnel et égoïste en profit et bien-être collectifs. La Nature et la Providence par le jeu du marché viennent ainsi suppléer la faiblesse des hommes et la transformer en une nouvelle force. Le marché vient réaliser l'altruisme et la répartition des biens dont les hommes ne sont pas toujours capables. Le marché comme prolongement social et économique de la nature est intrinsèquement moral. Il réalise une association par l'échange que les hommes ne réalisent pas toujours d'eux-mêmes. Ainsi l'exprime Smith, dès la *Théorie des sentiments moraux* : « Une main invisible semble forcer [les riches] à concourir à la même distribution des choses nécessaires à la vie qui aurait eu lieu si la terre eût été donnée en égale portion à chacun de ses habitants ; et ainsi, sans en avoir l'intention, sans même le savoir, le riche sert l'intérêt social et la multiplication de l'espèce humaine. La Providence, en partageant, pour ainsi dire, entre un petit nombre d'hommes riches, n'a pas abandonné ceux à qui elle paraît avoir oublié d'assigner un lot, et ils ont leur part de tout ce qu'elle produit. Pour tout ce qui constitue le véritable bonheur, ils ne sont inférieurs en rien à ceux qui paraissent placés au-dessus d'eux. Tous les rangs de la société sont au même niveau, quant au bien-être du corps et à la sérénité de l'âme, et le mendiant qui se chauffe au soleil le long d'une haie possède ordinairement cette paix et cette tranquillité pour laquelle les rois combattent. »

Ce passage annonce la modélisation plus poussée et plus « économique » de la *Richesse des nations* avec les célèbres formules du type : « Chaque individu est conduit par une main invisible à remplir une fin qui n'entre nullement dans ses intentions si bien que tout en ne cherchant que son intérêt personnel, il travaille souvent d'une manière bien plus efficace pour l'intérêt de la société que s'il avait réellement pour but d'y travailler. » C'est bien la visée morale de la société qui préside à la construction et à la compréhension des mécanismes du marché. Comme le dit justement Pierre Rosanvallon : « Smith devient économiste presque à son insu [...]. Smith devient économiste presque par nécessité philosophique[1]. »

Ce n'est donc pas le contrat lui-même ou le marché qui, finalement, réalise l'harmonie et la juste répartition des biens, mais soit la bienveillance naturelle des individus soit, plus sûrement, la Providence et la main invisible. C'est dans

1. Pierre Rosanvallon, *Le Capitalisme utopique. Histoire de l'idée de marché*, Paris, Le Seuil, 1989.

le cadre de cette équité naturelle garantie par la Providence que le marché fonctionne idéalement. C'est parce qu'une bienveillance supérieure à celle des hommes est présupposée que le marché peut être l'instrument de l'harmonie sociale. Sans quoi le marché devient ce qu'il est devenu : un banal contrat qui renforce le rapport du fort au faible. Ne retenir du libéralisme économique de Smith que le marché, c'est oublier la loi fondamentale de la bienveillance et de la Providence qui le conditionne. De ce point de vue, l'interprétation habituelle purement « économiste » et « marchande » de Smith est un travestissement de sa pensée à l'égal de celui qui ne retient du *Contrat social* de Rousseau que le contrat. Pour Smith, pas plus que pour Rousseau, le contrat n'est par lui-même fondateur.

L'ASSOCIATION CONTRE LES COMMUNAUTÉS

À travers la question de la Nature et donc de la nature humaine, la philosophie des Lumières a ainsi conçu, certes très abstraitement, l'association d'individus libres et égaux – socialement, économiquement, politiquement – sur fond de mutation en profondeur du lien social. C'est évidemment un aspect central d'une révolution qui commence dans les mœurs et dans les idées et qui n'est pas encore prête de s'achever. Le contrat est l'instrument de cette révolution qu'il ne produit pas mais qu'il est censé entériner et graver dans les tables de la loi. En conséquence, si l'on veut bien être attentif au sens des mots, c'est bien l'*association* volontaire qui constitue le fond original de cette révolution. Le sens du mot association n'est pas ici aussi général qu'il y paraît, car il ne s'agit pas en l'occurrence d'une simple collection d'individus associés de fait, mais d'une *construction* volontaire sur la base de l'égalité et de la liberté. Cette définition déjà assez précise de l'association persistera tout au long de l'histoire et représentera toujours son idéal. Précisons encore le sens : le mot tel qu'il est employé dans le *Contrat social* par exemple, l'oppose au terme de communauté. L'association universelle dont il est question dans le *Contrat* dépasse et transcende les communautés d'origine et d'appartenance dont elle libère, que ce soient les communautés de condition, de métier, de territoire, de religion ou de croyance. Non seulement l'association n'est pas la communauté, mais elle permet d'en sortir. Si l'association s'oppose aux communautés, elle ne s'oppose certes pas au contrat mais ne s'y confond pas pour autant. L'association précède le contrat, elle en est l'objet à travers le « contrat d'association ».

L'ASSOCIATION NE SE DÉCRÈTE PAS

Bien sûr, l'Histoire va écrire une tout autre partition. Cette représentation fondatrice du monde moderne comme association volontaire d'individus libres et égaux a encore aujourd'hui bien de l'avance sur nous. Elle représente *a fortiori* une « fondamentale » utopie à la fin du XVIIIe siècle. Il ne suffit évidemment pas d'avoir « découvert » que les principes intrinsèques de la liberté et de l'égalité sont inscrits dans la nature du lien social moderne pour que celui-ci se conforme magiquement à sa révélation. Il ne suffit pas non plus de les consigner dans un contrat social lui donnant force de loi, ni de tous les décrets les postulant, pour les réaliser. Le contrat ne peut réaliser que ce qui lui préexiste. C'est l'un des problèmes majeurs qu'affrontera la Révolution française et la toile de fond de sa tragédie, si ce n'est de son échec.

La Révolution ne peut en effet tenir les promesses de l'association, même si au départ elle cherche à s'en approprier le symbole et les valeurs et à prolonger la rhétorique du *Contrat social*. L'article premier de la Déclaration des droits de l'homme et du citoyen de 1789 consacre et condense en une phrase cet héritage : « Les hommes naissent libres et égaux en droit. » Le suivant confirme le nouveau type de lien social qui s'instaure entre les hommes à travers l'association : « Le but de toute *association* politique est la conservation des droits naturels et imprescriptibles de l'homme. Ces droits sont la liberté, la propriété, la sûreté et la résistance à l'oppression. » Concernant l'association, les révolutionnaires ne se sont pas trompés sur la place et la signification que leur donne le *Contrat social*. Quant à son auteur, Robespierre en prononce l'éloge dans un discours remarqué[1]. Un peu plus tard, le 11 octobre 1794, les cendres de Jean-Jacques Rousseau sont transférées au Panthéon par la Convention qui reconnaît sa dette et la portée de son influence[2].

DE L'ASSOCIÉ AU CITOYEN

Mais ce principe de l'association, que la Révolution voudrait universel dans les droits qu'il fonde, va très vite se heurter à la réalité sociologique de l'époque, notamment autour de deux questions essentielles : qui sont les associés ? Et comment se gouvernent-ils ?

La République universelle est hors de portée. C'est donc dans le cadre de l'État-nation et de la patrie que peut se nouer le pacte républicain. L'association universelle doit céder la place à la communauté nationale, même si celle-ci ne renoncera jamais à sa prétention universaliste, et « l'associé » citoyen du monde doit se contenter du territoire national et des habits républicains. Ce retour obligé aux réalités de la nation ne règle pas la question de savoir « qui est

1. Maximilien Robespierre, *Discours sur le rapport des idées religieuses et morales*, *in* Roger Chartier, *Les Origines culturelles de la Révolution française*, Paris, Le Seuil, 1990.

2. Bernard Manin, « Rousseau » in *Dictionnaire critique de la Révolution française*, François Furet, Mona Ozouf (sous la dir.), Paris, Flammarion, 1988.

citoyen ? ». Un esprit parmi les plus ouverts et les plus « éclairés » de son époque, Condorcet, donne le ton : « Parmi les exclusions au droit de cité, il y en a qu'on peut regarder comme naturelles ; par exemple, l'exclusion des mineurs, des moines, des domestiques, des hommes condamnés pour crime, de tous ceux qui peuvent être supposés n'avoir pas une volonté éclairée, ou une volonté propre, de ceux qu'on peut légitimement soupçonner d'une volonté corrompue [1]. » Quant à Sieyès, il affirmait quelques années plus tôt : « Pour être citoyen, il faut connaître les rapports des *associations* humaines, et en particulier ceux de la société dont on est membre. Les hommes qui ne peuvent se former, ou que l'on ne peut élever à cette connaissance, ne sont que des compagnons de travail. Il faudrait se méprendre furieusement sur le but social pour les appeler à en délibérer [2]. »

Cette question de la « capacité citoyenne [3] » met en évidence toute la difficulté à faire reposer la démocratie sur le double principe de l'individualité inaliénable et de la rationalité, de la raison éclairée, double héritage des Lumières. La démocratie est-elle un régime de Raison ? Et comment concilier le nombre et la raison ? Si chacun reconnaît à la suite de Rousseau que le peuple ne saurait mentir, Saint-Just ajoute : « À condition qu'il soit juste et raisonnable. » Comme le fait remarquer Philippe d'Iribarne [4], la question est de savoir si les individus sont égaux et souverains parce qu'ils sont autonomes et raisonnables ou si ce sont ceux qui

1. Condorcet, *Essais sur la constitution et les fonctions des assemblées provinciales* (1788), *in* Pierre Rosanvallon, *Le Sacre du citoyen. Histoire du suffrage universel en France*, Paris, Gallimard, 1992.

2. Sieyès, *Citoyens électeurs, éligibles* (1780), *ibid.*

3. Les femmes en sont si « naturellement » exclues qu'il n'y a même pas débat sur le sujet malgré les protestations de la « première » des féministes, Olympe de Gouges (1748-1793), qui tente de faire reconnaître une Déclaration des droits de la femme et de la citoyenne et finira guillotinée.

4. Philippe d'Iribarne, *Vous serez tous des maîtres*, Paris, Le Seuil, 1996.

sont autonomes et raisonnables qui sont égaux. Toujours est-il que la citoyenneté ne se laisse pas si facilement circonscrire et qu'il faudra attendre le 5 mars 1848 pour que la qualité de citoyen-électeur soit attribuée à tous les hommes âgés de plus de vingt et un ans sans restriction de capacité ou de cens. Si l'on s'est rapproché du suffrage dit universel, on reste très loin de l'association universelle dont le sens original va peu à peu se perdre avec l'identification de la République à l'État-nation. On s'en éloignera plus encore avec la question de savoir comment se gouvernent les associés, devenus citoyens de la République.

DE L'ASSOCIATION À LA REPRÉSENTATION

On sait que pour Rousseau l'association formalisée dans le contrat se suffit à elle-même, elle s'autogouverne dans un régime de démocratie directe permanente, seule vraie définition de la démocratie. Le contrat d'association est d'emblée politique, nul besoin comme chez Locke ou Pufendorf d'y superposer un contrat spécifiquement politique de soumission ou de représentation. Les individus associés ne peuvent être représentés que par eux-mêmes. Rousseau y insiste, « l'institution du gouvernement n'est point un contrat » (*Du Contrat social*, titre du chapitre XVI) : « Plusieurs ont prétendu que l'acte de cet établissement était un contrat entre le peuple et les chefs qu'il se donne, contrat par lequel on stipulait entre les deux parties les conditions sous lesquelles l'une s'obligeait à commander et l'autre à obéir. On conviendra, je m'assure, que voilà une étrange manière de contracter. » Le contrat d'association est précisément celui par lequel les individus associés, gouvernants et gouvernés tout à la fois, acceptent les charges du service public. Ce sont les mêmes qui expriment la volonté générale, décident des lois, les exécutent et s'y soumettent : « Les citoyens étant tous égaux par le contrat social, ce que tous doivent faire, tous doivent le prescrire, au lieu que nul n'a droit d'exiger qu'un autre fasse ce qu'il ne fait pas lui-même [...]. Sitôt que le service public cesse d'être la principale affaire des citoyens, et qu'ils aiment mieux servir de leur bourse que de leur personne, l'État est déjà près de sa ruine. Faut-il marcher au combat ? Ils payent des troupes et restent chez eux ; faut-il aller au conseil, ils nomment des députés et restent chez eux [1]. » Le peuple ne saurait donc avoir des représentants, il ne peut avoir pour l'administration ordinaire que des exécutants, de simples commissaires du peuple. Le mandat n'est pas électif, il ne s'adresse pas à la personne mais à la seule fonction, il est impératif et exécutif. La démocratie rêvée selon Rousseau, au sens où elle ne peut être que celle d'« un peuple de Dieux », n'est pas représentative (c'est une contradiction dans les termes), elle n'est pas élective au sens d'une sélection des gouvernants, c'est une démocratie de consensus où finit par triompher la volonté générale qui ne saurait s'écarter durablement de la Raison.

Tout en souscrivant au principe du corps social souverain succédant au corps souverain du roi, au lien organique entre le peuple et son gouvernement, à la nécessité d'une sorte d'agora permanente, la Révolution ne peut échapper à la question de la représentation et de l'élection. Le lieu et la notion d'« Assemblée nationale » symbolisent l'identité du peuple et de sa représentation puisque, selon Sieyès, « l'ensemble des *associés* ne peut se réunir autrement [2] ». Mais la représentation symbolique appelle nécessairement le représentant du peuple et justifie une délégation d'autant plus facilement acceptée qu'il n'y entre *a priori* aucun calcul politique, puisqu'il s'agit simplement d'élire les plus capables, les plus éclairés dans la nation, « ceux qui lui font le plus

1. *Ibid.*
2. Pierre Rosanvallon, *op. cit.*

d'honneur et ont le mieux mérité d'elle » dira Sieyès. C'est implicitement plaider pour une nouvelle aristocratie au sens propre du mot [1], celle de l'élitisme républicain.

La rupture avec l'association de départ est ici consommée. Il y a clairement dissociation entre gouvernants et gouvernés dont la distinction n'est pas seulement politique mais recouvre et illustre des clivages sociaux profonds entre citoyens actifs et passifs, entre citoyens éclairés et citoyens de base, entre citoyens propriétaires et le reste du peuple, ceux qui n'ont que leur force de travail, etc. En conséquence, le contrat social n'est plus un contrat d'association entre tous, un contrat sur l'association, mais un contrat politique restreint, un contrat programmatique assis justement sur la distinction entre la société et ses représentants qui en forment les deux parties prenantes. Le contrat ne résulte plus de l'association volontaire d'individus libres et égaux, c'est à l'inverse le contrat qui devient *central* dans l'organisation des rapports sociaux et dans la mise en œuvre des principes de liberté et d'égalité. Autrement dit, les rapports d'« association », de liberté et d'égalité, ne seront plus que ce qu'en diront le et les contrat(s). Ce retournement du sens du contrat social imposé par l'Histoire se retrouve effectivement dans le sens usuel que nous lui donnons toujours aujourd'hui : un programme politique d'ensemble déterminé par un rapport entre gouvernants et gouvernés. Ce qui n'a évidemment plus rien à voir avec la libre association d'individus libres et égaux du *Contrat social*.

L'ASSOCIATION NATIONALE CONTRE LES ASSOCIATIONS PARTICULIÈRES

Si la grande association du *Contrat social* ne peut rencontrer les conditions historiques de sa réalisation, elle n'en demeure pas moins la référence inscrite dans la Déclaration

1. Du grec *Aristos* : les meilleurs.

des droits de l'homme et du citoyen. Le paradoxe, c'est qu'au nom de cette grande association et de la transparence des rapports entre individus, la Révolution va de fait interdire le droit d'association. Pour préserver l'illusion d'une association universelle mythique qu'elle ne peut concrétiser, la Révolution dénonce toutes les associations particulières, hormis pour un temps les clubs politiques. La République est une et indivisible, elle se construit en un seul et même *corps* dont sont exclus les corps intermédiaires. Il ne peut rien y avoir entre le peuple et sa représentation. Ce syndrome révolutionnaire de l'unité et de la transparence, qui ne connaît que des individus unis dans le même corps et le même contrat à travers l'État, se légitime par réaction aux castes, corps et communautés issus de l'Ancien Régime. Le décret d'Allarde du 2 mars 1791, suivi de la loi Le Chapelier du 14 juin de la même année, prononcent l'interdiction des jurandes, maîtrises et corporations, mais aussi de toute coalition et par extension, de toute forme d'association particulière. Sieyès l'avait annoncé dès janvier 1789 : « Qu'on ne soit point étonné si l'ordre social exige avec tant de rigueur de ne point laisser les simples citoyens se disposer en corporations [1]. » Le Chapelier le réalise par sa loi en déclarant : « Désormais, il n'y a plus face à face que l'intérêt particulier de chaque individu et l'intérêt général ; il n'est plus permis à personne d'aspirer à un intérêt intermédiaire [2]. »

D'une seule loi, la Révolution poursuit simultanément plusieurs objectifs. Défaire les corporations mais aussi la hiérarchie sociale et le régime des pouvoirs qui leur étaient attachés ; réduire le risque de recomposition des sociétés littéraires et sociétés de pensée si importantes dans la diffusion des Lumières, mais « dangereuses une fois la Révolu-

1. Sieyès, *Qu'est-ce que le Tiers État ?* (1789), Paris, Flammarion, 1988.
2. François Bloch-Lainé, *Faire société. Les Associations au cœur du social*, Paris, Syros, 1999.

tion terminée », dira Le Chapelier ; libérer un vaste marché du travail et le commerce de toute entrave communautaire. Dégagé des dépendances communautaires, mais aussi de leurs protections, l'individu peut déployer son autonomie et sa capacité contractuelle comme citoyen, comme travailleur ou comme fondateur d'une famille républicaine. Mais cette libération de l'individu a pour prix le désarmement de la société civile face à des institutions qui ne vont cesser de se renforcer. L'individu isolé va devoir affronter non pas seulement la libre concurrence avec d'autres individus, mais aussi des institutions comme le marché du travail qui imposeront facilement leurs normes contractuelles. Par le détour du droit et de la norme contractuelle, se met en place un nouveau régime des pouvoirs où les différentes institutions se substituent aux communautés. De la dépendance communautaire par le gouvernement des hommes on passe à la soumission contractuelle « objective » par le gouvernement des choses. De ce point de vue, la loi Le Chapelier est plus qu'une date historique consacrant l'individu comme seule unité de base de la société, elle symbolise également cette lente mutation d'un lien social communautaire vers le lien social moderne régi par le contrat.

LA LONGUE MARCHE VERS L'ASSOCIATION

C'est peu dire que la lente reconstruction de la société civile à laquelle nous continuons d'assister, sera loin de compenser la désagrégation du tissu communautaire. Ainsi pour le droit d'association, si l'on excepte le moment éclair de 1848 [1], il faut attendre la fin du second Empire pour que le délit de coalition soit aboli en 1864. Et ce n'est qu'avec la IIIe République qu'une série de lois libérales [2] – sur le droit

1. En 1848, plus de dix mille associations sont créées, Maurice Agulhon, *1848 ou l'apprentissage de la République*, Paris, Le Seuil, 1973.
2. Maurice Agulhon, « Associations et histoire sociale », *Revue de l'économie sociale*, avril 1988.

de se réunir en coopératives (1867), sur la liberté de la presse (1881), sur les syndicats (1884) – sera couronnée par la loi du 1er juillet 1901 sur la liberté d'association. Sorte de retour de l'Histoire, cette loi votée à l'instigation de Waldeck-Rousseau, dans un contexte de conflit entre l'Église et l'État, est autant une loi de « répression » contre les congrégations religieuses qui restent soumises au régime d'autorisation qu'une loi sur le droit d'association. Pour les associations, il s'agit surtout d'une reconnaissance légale plus qu'un droit à l'existence, puisque plus de quarante mille d'entre elles existent dès avant le vote de la loi. La loi de 1901 a moins institué l'association qu'officialisé son existence et libéralisé son expression. De fait, à proportion de la désagrégation du lien communautaire et des insuffisances du lien contractuel, les associations n'ont cessé de se développer et d'offrir progressivement une forme alternative et originale de reconstitution du lien social.

LA RÉVOLUTION DU LIEN D'ASSOCIATION

L'actualité nous incite aujourd'hui à réhabiliter la vision de l'association qui fait partie des legs fondamentaux que nous a laissés la philosophie des Lumières. Cet héritage de l'association a été passé sous silence ou bien confondu avec le contrat ; il a aussi été réduit à une interprétation purement libérale et individualiste de l'association. L'association n'étant qu'un cadre général et abstrait de l'addition d'individus juxtaposés dans un état pré-social et précontractuel. Autrement dit, dans cette version, l'important n'est pas l'association mais l'individu. Cette interprétation classique de l'esprit des Lumières, qui va s'enraciner dans l'histoire des idées, me semble réductrice et on peut lui préférer, à la manière de Rousseau, celle de l'individu *associé*. Car ce qui importe dans cette tradition, il est vrai plutôt française, ce n'est pas seulement l'individu, mais l'individu faisant volontairement société ou association (*ad socius*) dans un rapport d'égalité et de liberté. Ce qui définit assez précisément le lien social d'association. La volonté de construire une relation sociale qui n'est plus « donnée » par la tradition, et de la vivre dans la liberté et l'égalité, décrit (surtout au XVIIIe siècle) une forme tout à fait originale et particulière de lien social. De fait, les Lumières « inventent » ou « réinventent [1] » une forme inédite de lien social. Ce qui est confirmé par la stricte opposition faite entre l'association et les communautés d'appartenance dont précisément elle libère. Quant au contrat, que l'interprétation classique donne pour le lien par excellence entre les individus, il est incompréhensible sans l'association à laquelle il donne la force du droit positif. Répétons-le, c'est parce que les individus sont conçus comme association d'individus libres et égaux qu'ils peuvent contracter et non l'inverse. La liberté et l'égalité préexistent au contrat qui les institue. C'est là d'ailleurs le problème évidemment insoluble jusqu'à présent auquel seront confrontés les héritiers des Lumières. Comment faire en effet, si la liberté et l'égalité entre les individus sont les conditions du lien social authentique et du « bon » régime politique, et non leurs conséquences ?

L'héritage de cette association de départ a également été brouillé par la défiance à l'égard *des* associations. C'est l'association comme association universelle qui est valorisée, et non *les* associations. Non seulement la pluralité inspire la division là où on ne rêve que d'unité, mais les associations ne peuvent être perçues qu'à travers le modèle traditionnel du compagnonnage et des confréries où l'individu s'efface derrière l'ordre communautaire. Il n'y a pas de place entre l'individu et la société. Ce radicalisme se

1. Sauf à revenir à l'Antiquité grecque, qui reste, comme l'a maintes fois souligné Cornélius Castoriadis (*Les Carrefours du labyrinthe*, t. I à V, Paris, Le Seuil, 1997), la source de toute inspiration pour la pensée politique occidentale.

comprend aisément par l'anti-communautarisme foncier de la réflexion rationaliste et individualiste de l'époque. C'est toute la différence entre le lien social d'association qui exprime le nouveau rapport social entre tous les individus, et les organisations associatives qui les distingueraient les uns des autres. L'association vaut comme lien, pas comme modalité particulière d'organisation sociale. Faut-il ajouter que cette question du rapport du lien d'association aux associations particulières, et des associations particulières à l'intérêt général que seul l'État pourrait incarner, reste une question cruciale aujourd'hui ?

LE CONTRAT EFFACE L'ASSOCIATION

Brouillé, le thème de l'association a été aussi marginalisé à la suite de la Révolution. Celle-ci a interdit les associations. À défaut d'association universelle, elle s'est toutefois ralliée de fait à une conception libérale strictement individualiste de l'association. Face à cette version faible, voire inexistante, de l'association, celle-ci est tout entière absorbée par le contrat qui devient ainsi le modèle du lien social moderne. Ce qui n'empêchera pas les valeurs de liberté et d'égalité de progresser. Mais, répétons-le, cette progression, faite aussi de beaucoup de régression au cours de l'Histoire, tiendra moins du contrat que de la force du lien social et des mouvements sociaux porteurs de ces valeurs. Comme on le sait, la valeur du contrat est moins dans le contrat lui-même, dans sa « lettre », que dans le rapport de force des acteurs qui l'animent et l'interprètent. Félix Guattari l'a fortement exprimé en ses termes : « Le progrès social est inséparable des pratiques collectives et individuelles qui en assument la promotion [...]. L'histoire ne garantit aucun franchissement irréversible de *seuils progressistes*. Seules les pratiques humaines, un volontarisme collectif peuvent nous prémunir de retomber dans les pires barbaries. À cet égard, il serait tout à fait illusoire de s'en remettre aux impératifs formels de la défense des *droits de l'homme* ou du *droit des peuples*. Les droits ne sont pas garantis par une autorité divine ; ils reposent sur la vitalité des institutions et des formations de pouvoir qui en soutiennent l'existence [...]. La joie de vivre, la solidarité, la compassion à l'égard d'autrui doivent être considérées comme des sentiments en voie de disparition et qu'il convient de protéger, de vivifier, de réimpulser dans de nouvelles voies[1]. »

DES LUMIÈRES SUR L'ACTUALITÉ

Il existe une « troisième voie » pour le lien social qui n'est ni la communauté ni le strict individualisme du contrat ni même un mixte des deux. C'est peut-être la grande leçon que l'on peut tirer de ce regard un peu décalé sur la philosophie des Lumières. Cette réflexion est, me semble-t-il, au cœur de notre actualité. Elle devrait nous aider à sortir de cette opposition majeure entre le communautarisme d'un côté et le libéralisme de l'autre. Entre une mondialisation anonyme et sans visage d'un côté et le retour des nationalismes et sectarismes qui s'alimentent l'un l'autre. Entre Djihad et Mc World, pour reprendre l'image de Benjamin Barber[2]. Cette opposition qui semble une fois de plus rejouer l'éternel débat entre les Anciens et les Modernes est évidemment sommaire. On ne saurait par exemple assimiler sans la caricaturer la pensée de John Rawls qui, le premier, a relancé ce débat central, à un simple libéralisme même mâtiné de droits de l'homme et de justice procédurale. De même qu'on ne saurait confondre le « communautarisme » d'un progressiste comme Michael

1. Félix Guattari, « Pour une refondation des pratiques sociales », *Le Monde diplomatique*, octobre 1992.

2. Benjamin Barber, *Djihad versus Mc World*, Paris, Desclée de Brouwer, 1996.

Walzer[1] qui a d'ailleurs toujours refusé cette étiquette, avec des conceptions communautaristes beaucoup plus traditionnelles comme celles d'Alasdair Mc Intyre[2]. Précisément, les dissidents de plus en plus nombreux dans chaque camp démontrent la nécessité de trouver une voie non pas entre communautarisme et libéralisme, déjà explorée par la social-démocratie, mais au-delà de ces grands courants. Sur ce point, je ne partage pas l'avis de Louis Dumont, qui a si bien analysé le passage de la tradition communautaire et holiste à l'individualisme libéral moderne, considérant que toute mise en cause de cet individualisme nous conduirait inéluctablement vers de nouveaux totalitarismes : « Le peu d'histoire que nous avons appris ici même suggère que rétrograder l'économie (et l'individu) serait vraisemblablement faire resurgir la subordination [...]. Elle ne pourrait donc se réintroduire que sous forme honteuse, pathologique, c'est-à-dire comme oppression[3]. » À l'inverse, je crois possible de dépasser l'individualisme et le contractualisme sans les renier, le retour-détour par les Lumières n'étant pas inutile dans cette entreprise.

Au-delà des philosophies que l'on réactualise selon les besoins et les circonstances du moment, je crois surtout que c'est l'évolution actuelle du lien social, à la base de toutes les grandes mutations, qui nous indique la voie. Il ne s'agit évidemment pas, comme le suggère le débat européen[4], de trouver une réponse politique toute faite parallèlement à la construction européenne, en négligeant les questions de

1. Michael Walzer, *Pluralisme et démocratie*, Paris, Esprit, 1997.
2. Alasdair Mc Intyre, *After Virtue. A Study in Moral Theory*, Londres, Duckworth, 1981.
3. Louis Dumont, *op. cit.*
4. Le manifeste Blair/Schröder de 1999, dit de la « troisième voie » (nouveau centre en Allemagne, nouvelle gauche en Grande-Bretagne), inspiré des thèses d'Anthony Giddens (voir *The Third Way : the Renewal of Social Democracy*, Cambridge, Polity Press, 1998) et présenté comme le grand renouveau idéologique de la social-démocratie en Europe, n'apporte rien de neuf, si ce n'est un *aggiornamento* libéral de ce qui reste de socialisme à gauche.

fond comme la nature du lien social. De ce point de vue, les bonnes questions, en amont de tout projet de reconstruction politique, nous viennent aujourd'hui pour une large part des riches débats initiés par la philosophie politique américaine, même si les réponses concrètes ont sans doute plus de chance de trouver asile en Europe. Il faut explorer patiemment ce qui a toujours été le terreau des grandes philosophies politiques. Ce terreau réside dans la profondeur et l'épaisseur d'un lien social en mutation, dans le politique au sens premier. Le riche travail des historiens sur le siècle des Lumières en est l'illustration. La véritable transformation nous vient toujours de cette profondeur de la société exprimée par les mille et une facettes du lien social qui sont évidemment plus faciles à saisir rétrospectivement.

Je voudrais ici convaincre le lecteur que le grand rêve que les philosophes du XVIIIe siècle croyaient avoir accompli par la seule magie du verbe a suivi un itinéraire souterrain et qu'il nous revient aujourd'hui sous une forme beaucoup plus réelle et concrète. En dépit de toutes les régressions et des apparences d'une actualité toujours rapide et superficielle, je crois que les valeurs de liberté et d'égalité ont atteint un nouveau stade dans le rapport entre les individus, et qu'elles structurent beaucoup plus fondamentalement le lien social d'aujourd'hui qu'on ne le pense. Au-delà de la banalité de leur proclamation régulièrement réaffirmée, elles ont pénétré en profondeur dans les mentalités, donnant peut-être une nouvelle chance à l'association réputée mythique du XVIIIe siècle, à la quête de l'association universelle, à la figure du monde comme association. Pour le dire autrement, je fais le pari que face à la désagrégation du lien communautaire et aux désillusions du lien contractuel, se construit un lien d'association[1]. Nous avons du mal à le

1. Dans le prolongement et en résonance avec les liens communautaires et sociétaires, on pourrait parler d'un lien *associataire*.

reconnaître, car il n'entre pas dans les registres classiques du lien social et parce que nous assimilons toujours l'association à son organisation juridique, et de ce fait au contrat.

Mais même dans le cas de l'organisation associative régie par le « contrat d'association » de la loi de 1901, l'association n'est contrat que par défaut juridique [1]. L'association définie en son article premier est une *convention* [2] et non un contrat qui n'est qu'un genre particulier, plus formel, de convention. Cette « souplesse » propre au lien et à l'organisation associative se retrouve dans l'objet comme dans la plupart des statuts des associations. Chacun sait que lorsque l'on forme une association, l'objet de la convention est le plus souvent extrêmement général ; quant aux statuts ils reproduisent très fréquemment des statuts type sans faire l'objet de « contrat » particulier. On s'associe pour s'associer avant toute chose. Il est d'ailleurs remarquable qu'en l'absence de statuts qui organisent la démocratie et ses valeurs, la plupart des associations la réalise de fait. La démocratie est dans le lien d'association avant d'être dans l'organisation.

Paradoxalement, dans une période apparemment plutôt dominée par la déliaison sociale, l'individualisme juridique et contractuel et l'essor des inégalités, s'opère une reconstruction dans la profondeur du lien social qui a tous

---

1. Le juriste Jean Rivero écrit à ce propos : « Douze articles suffisent à tracer le cadre dans lequel les associations vont naître et vivre. Ce cadre, c'est celui du contrat civil. Erreur juridique certes, mais heureuse erreur : elle fournit à la liberté son assise » (*Actualités juridiques du droit administratif*, 20 mars 1980 ; cité par Sami Castro *in* François Bloch-Lainé, *op. cit.*).

2. « L'association est la convention par laquelle deux ou plusieurs personnes mettent en commun d'une façon permanente leurs connaissances ou leur activité dans un but autre que de partager des bénéfices » (article premier de la loi du 1er juillet 1901). Par opposition, la société (commerciale) est définie comme un « contrat par lequel deux ou plusieurs personnes mettent en commun des biens ou leur industrie, en vue de partager le bénéfice ou de profiter de l'économie qui pourra en résulter ».

les traits de l'association. Comme si les conditions historiques étaient enfin réunies pour que le message initial d'association projeté sur l'Histoire par un Jean-Jacques Rousseau puisse enfin rencontrer sa réalité sociologique.

DEUXIÈME PARTIE

Le lien d'association

Chapitre IV

L'INDIVIDU RELATIONNEL

Pour saisir l'évolution du lien social dans une « société d'individus », c'est-à-dire où il y a davantage d'individu que de société, il faut à l'évidence partir de l'individu, de la nature de ses relations aux autres et à cette société. L'individu s'exprime dans ses relations, comme ses relations expriment l'individu [1]. Relations changeantes au fil de l'histoire, puisqu'il y a finalement peu de rapport entre l'individu de la tradition communautaire et ce que je propose d'appeler l'individu *relationnel* d'aujourd'hui, dont les liens se caractérisent de plus en plus par la relation d'association.

Les âges de l'individu

Il ne s'agit pas ici de retracer une histoire de l'individualisation, mais d'en baliser les grandes étapes pour mieux

1. Norbert Élias, *op. cit.*, refusant le dualisme classique individu/société, écrit : « Il faut penser l'individu comme une relation et non comme une substance. »

comprendre celle que nous vivons. On se souvient de l'individu *communautaire*, « individu » qui n'est que l'expression de sa communauté d'appartenance, au sein de laquelle le « Je » s'efface derrière le « Nous ». La notion d'individu, de même que celle de lien (qui suppose une distance), a d'ailleurs peu de sens quand l'identité n'est qu'une identification à la communauté.

Avec le XVIIIe siècle s'affirme un individualisme d'abord abstrait qui va progressivement se concrétiser dans la figure de l'individu en société. L'individu se libère de la tutelle des communautés d'appartenance au profit d'une grande communauté nationale, où dominent sous forme contractuelle le lien symbolique du politique et le lien civil de l'économique comme on l'a vu. À l'entière détermination de l'individu surveillé de près par les pouvoirs et les règles et soumis à leur coercition directe succède un individu gouverné à distance par les institutions dont il intériorise les normes et valeurs [1]. À peine sorti de la communauté, l'individu est envahi par la société qui en modèle l'être et la conscience. L'individu n'est plus dans la communauté mais la société est dans l'individu, ce qui le constitue certes comme individu mais pas comme sujet libre et autonome. L'individu sociétaire moderne est ce composite de normes intégrées et incorporées mais aussi de quête identitaire qui y résiste. En conséquence, son histoire est pour une grande partie celle de ce conflit intérieur dont Freud fera un modèle de théorie analytique. C'est un individualisme de libération des rôles prescrits (travail, condition sociale, sexe, morale, etc.), qui conduit plus au repli sur soi et sur la sphère privée qu'à l'affirmation et à l'extériorisation de soi.

Avec les années 1960 et la montée d'une génération plus libertaire, le conflit intérieur et identitaire de l'individu

---

1. Pour David Riesman, *op. cit.*, il s'agit de la transition d'un individu *tradition directed* à un individu qualifié d'*inner directed*.

s'exprime sur la place publique et culmine dans le monde en 1968 dont on dira, à juste titre, que s'y manifeste d'abord une révolution dans les mœurs, en l'occurrence un renversement des rapports entre l'individu et la société, entre éthique individuelle et morale sociale. Malgré le retour de l'ordre public, l'ordre social en est de fait bouleversé : l'individu y proclame sa victoire sur la société. Cette victoire est toutefois moins celle d'un individu qui, pour cause de « nouvelle jeunesse », exercerait enfin sa liberté et son autonomie, que la défaite de la société à travers le délitement des liens sociaux en général et du politique en particulier. C'est moins l'individu qui triomphe que la société qui se défait.

LA SOLITUDE DE L'INDIVIDU

S'ouvre alors un nouvel âge de l'individu qui est donc moins celui de l'individu autonome construisant un nouveau lien social que celui d'un individu un peu plus isolé et atomisé. Le recul de ce qui « faisait société » après l'effacement des liens communautaires laisse la place à un nouvel âge de l'individu, celui de l'individu *solitaire*. Un individu « privé », privé de Société et d'Histoire, sommé d'être lui-même, pour lui-même, par lui-même. Nous sommes effectivement ces individus qui, après le « trop plein » de société, doivent désormais en affronter le vide [1]. Cette situation est pour beaucoup, par exemple, dans les problèmes de fond que rencontre l'éducation aujourd'hui : comment construire et éduquer un individu dans et pour une société qui n'est plus ou pas encore ? Cette situation est aussi à l'origine de nombreuses pathologies sociales dont la plus courante, solidement installée au creux de notre univers quotidien, est certainement la dépression qui reflète le mal-être d'une époque. Selon le Centre de recherche, d'étude et de docu-

1. Gilles Lipovetsky, *L'Ère du vide*, Paris, Gallimard, 1983.

mentation en économie de la santé (Crédés), le nombre de déprimés aurait augmenté de 50 % entre le début des années 1980 et celui des années 1990. Cette banalisation de la dépression et des anti-dépresseurs qui vont avec, correspond selon Alain Ehrenberg [1], à une difficulté d'être soi ou plus exactement de n'être que soi sans le secours de tiers. Sorte de « maladie de la responsabilité » dans laquelle domine le sentiment d'insuffisance. Dans l'univers mental poussé à ses limites, la dépression serait à l'individu solitaire ce que la névrose a été à l'individu moderne : « La dépression amorce sa réussite au moment où le modèle disciplinaire de gestion des conduites, les règles d'autorité et de conformité aux interdits qui assignaient aux classes sociales comme aux deux sexes un destin ont cédé devant des normes qui incitent chacun à l'initiative individuelle en l'enjoignant à devenir lui-même [2]. » La dépression, que ce soit celle de l'individu ou de la société qui, en l'occurrence, se rejoignent et se cumulent, est une pathologie du manque, du déficit, en particulier du défaut de lien social. La norme sociale n'est plus dans la contrainte extérieure du devoir moral ; elle est dans celle du devoir d'être soi, de l'impératif de réussite dans un monde où les individus apparaissent plus déliés que reliés, plus adversaires que partenaires.

Nous en serions là de cette succession d'âges de l'individu qui, certes, accomplit le processus d'individualisation, mais loin de l'image idyllique de l'individu autonome, équilibré, se construisant lui-même dans une relation d'altérité. Soit l'individu « ignoré » ou dénié de l'âge communautaire, soit l'individu « aliéné » et donc plus ou moins névrosé de l'âge sociétaire, soit l'individu « déprimé » et « fatigué » d'aujourd'hui à l'âge solitaire, tels seraient les principaux moments de son histoire très simplifiée. Bref, une histoire

1. Alain Ehrenberg, *La fatigue d'être soi. Dépression et société*, Paris, Éditions Odile Jacob, 2000.
2. *Ibid.*

de l'individu qui attend toujours d'entrer enfin dans l'âge de la maturité, ni dépendant, ni abandonné. Il est évidemment tentant de plaider pour cette nouvelle étape d'autant qu'elle semble à notre portée.

L'individu d'aujourd'hui presque entièrement délié n'a plus en effet d'autre choix que celui de se relier à nouveau mais sur un nouveau mode. Délivré de l'enfermement communautaire, libre de tout lien social, l'individu au bout de sa solitude peut et doit reconstruire le lien social à partir de lui-même. Rien n'est plus donné, tout est à reconstruire. Finalement, nous ne serions pas si loin de l'individu libre mais rêvé du XVIIIe siècle et du mythe d'une société qui ne serait que l'émanation de l'association de ses membres. La déconstruction de la société par l'individu nous permet aujourd'hui d'envisager ainsi plus sérieusement une reconstruction du social « par le bas », au plus près des individus et par le moyen de la libre association. N'est-ce pas ce qui se passe concrètement et qu'annonce l'âge suivant, celui de l'individu *relationnel* ? Qui est-il ? Et comment définir l'individu relationnel ? Il se caractérise, à mon sens, par la multiplicité des contacts ou « connexions » sociales et une diversification des expériences familiales, amicales et sociales ; par une identité à facettes multiples, flexible et évolutive au gré des relations de l'individu ; et surtout par un mode de relation et de lien aux autres qui emprunte ses principaux traits à la relation d'association.

LES AFFINITÉS ÉLECTIVES

La multiplication des contacts sociaux, même fugitifs, n'est-elle pas contradictoire avec le constat de la déliaison sociale ? Non, car la déliaison sociale concerne avant tout la représentation immédiate que nous avons des modes de socialisation. C'est-à-dire les relations convenues et plus traditionnelles de type communautaire, fondées sur la proximité (la famille au sens large), l'identité et les caractéristiques objectives de l'individu (la race, la classe, le sexe), ou de type social avec les relations contractuelles et instituées. Or une bonne part des nouvelles relations surgissent et restent dans l'informel (ce qui les distinguent des relations contractuelles) ; elles reposent sur des affinités électives (ce qui les différencient des liens communautaires imposés). Cela les rend aussi beaucoup plus difficiles à appréhender, car les individus, pourtant immergés dans ce tissu relationnel, ne les perçoivent pas nécessairement comme de « vraies » relations au sens classique[1]. Le prototype en est la socialisation des jeunes dont les relations denses, multiples, souvent éphémères, sur le modèle des copains et des « bandes » prennent la forme de réseaux ouverts et interconnectés. Or, ce modèle encore typique des jeunes a tendance à se diffuser aux autres générations. En raison de la diversité des situations familiales qui vont de l'union libre, avec ou sans cohabitation, au mariage, en passant par le Pacs (Pacte civil de solidarité) et le divorce au cours d'un cycle qui peut très bien se renouveler durant une existence de plus en plus longue. En raison également du nombre croissant d'expériences professionnelles qui sont autant d'occasions de rencontre, et de l'augmentation des pratiques de loisir au cours d'une vie que l'on pourrait globalement qualifier de *polycentrée* et de *multirelationnelle*. Même les personnes plus âgées[2], dites aujourd'hui *seniors* pour justement souligner que cet âge de la vie est de plus en plus dynamique notamment sur le plan relationnel, ont plus de contacts familiaux et extra-familiaux d'entraide ou de

---

1. Dans les enquêtes dites de « sociabilité », on est amené à utiliser la méthode des « générateurs de noms » pour rappeler aux personnes interrogées des situations dans lesquelles ont pu se nouer des contacts réputés « anodins ». Voir Alain Degenne, Michel Forsé, *Les Réseaux sociaux*, Paris, Armand Colin, 1994.

2. Bertrand Chokrane, Georges Hatchuel, « La dynamique sociale des seniors », *Partage*, n° 135, août-septembre 1999 et *Conditions de vie et aspirations des Français*, Paris, Credoc, 1998.

loisir, sans compter leur élan vers les associations, puisque leur participation est égale ou supérieure aux autres tranches d'âge. Certes, on sait que le capital relationnel varie directement en fonction du capital social, mais dans l'ensemble, le modèle de l'individu relationnel touche toutes les générations et tend à se diffuser dans tous les univers sociaux.

PLUS JAMAIS SEUL ?

Au-delà de ces contacts sociaux dans l'ensemble plus variés et nombreux, mais souvent plus instables et moins durables, c'est l'image de la « connexion » permanente et de la mise en réseau qui désigne particulièrement l'individu relationnel. Les nouvelles technologies de communication (NTIC) connaissent, on le sait, un essor prodigieux. En trois ans (1996-1999), le nombre de ménages équipés d'un micro-ordinateur est passé de 13 à 22 % dans un pays comme la France qui n'est pas spécialement en avance en ce domaine si on le compare au Royaume-Uni (33 %), à la Finlande (42 %) ou au Danemark (60 %[1]). Encore ces données ne tiennent-elles pas compte des usages privés ou mixtes de l'ordinateur à partir des lieux professionnels. Et si l'accès de chez soi à l'Internet ne concerne encore que 10 % environ des Français, il dépasse déjà les 40 % aux États-Unis. La vitesse de pénétration du téléphone portable, au stade confidentiel il y a seulement quelques années, est plus remarquable encore puisque celui-ci atteint aujourd'hui le seuil des 37 % en France, 43 % au Royaume-Uni, 48 % au Portugal, 54 % au Danemark et même 67 % en Finlande[2]. Ces chiffres (déjà périmés le lendemain) donnent une idée de la rapidité des transformations des modes relationnels qui sont loin d'être arrivées à leur terme.

---

1. Céline Rouquette, « La percée du téléphone portable et d'Internet », *INSEE Première*, n° 700, février 2000.
2. « Tableau de bord des mobiles », *Autorité de régulation des télécommunications*, mars 2000.

Pour le meilleur et pour le pire, l'individu est en permanence relié et connecté s'il le désire. Son « monde relationnel » l'accompagne partout et il ne dédaigne pas, portable en main, de l'exhiber en public pour en souligner l'importance et sa propre importance. Curieux mélange de communication privée en public, symbole de l'exposition publique de l'individu privé et de l'interpénétration des espaces privés et publics, réels et virtuels. Non seulement l'individu est potentiellement en liaison avec tous, mais en même temps il se connecte avec la personne de son choix et peut s'abstraire du monde (réel). Le contact n'est plus commandé par l'environnement et la proximité spatiale ou sociale, il tend vers des relations purement électives, c'est-à-dire subjectivement choisies. Ce qui transforme la nature de la relation qui est moins encadrée par des codes sociaux et offre plus de place à l'accord (intersubjectif) librement construit.

D'une manière plus générale, la société dite d'information, qui relie, quel qu'en soit le mode (passif, actif, interactif), les individus les uns aux autres, nous fait entrer dans un univers multirelationnel[1]. C'est-à-dire un univers où la relation devient l'activité sociale principale, voire exclusive pour certains. D'autant que même l'économie tend à devenir une économie de la relation. Que l'on songe par exemple aux travailleurs de l'information qui représentent d'ores et déjà un salarié sur deux aux États-Unis. L'information, qui ne vaut que par la relation qu'elle instaure, devient le centre d'une nouvelle « production » de la société tout entière, et de l'économie en particulier autour de l'économie de la relation.

LE LIEN ET LE NET

Pour autant, on aurait tort de croire selon l'interprétation la plus courante, que ces nouveaux modes relationnels

1. Selon la loi dite de Metcalfe, l'activité d'un réseau maillé progresse comme le carré du nombre de personnes qui y sont reliées.

ne sont que la conséquence des innovations technologiques et d'une économie de plus en plus centrée sur l'information et la relation. C'est plutôt l'inverse. Le manque, le déficit de lien social ont suscité sa recomposition et dopé les technologies de communication. L'évolution du lien réel a précédé l'établissement du lien virtuel et de ses prothèses technologiques, si l'on en croit l'origine d'Internet par exemple.

Au départ, le projet Arpanet [1] répond à la préoccupation des militaires américains de sauvegarder un lien national en cas d'attaque nucléaire, et de faire en sorte que des ordinateurs distants puissent communiquer entre eux. Comme ce sont les universités américaines qui sont mobilisées sur ce grand projet, elles en perçoivent vite le grand intérêt pour la recherche universitaire et les échanges de données, à côté des possibles usages militaires. Face à l'engouement du milieu universitaire, à commencer par les étudiants, les premiers réseaux se connectent entre eux pour aboutir à une innovation majeure au début des années 1990 : un langage universel dit HTML [2] permettant d'envisager la naissance d'un réseau mondial, le World Wide Web.

La tonalité de départ de l'Internet est clairement estudiantine et libertaire, il s'agit avant tout de créer une communication généralisée entre individus, libre et gratuite. Les titres des premiers manifestes des pionniers de l'Internet ne trompent pas, que ce soit le *Guide du routard galactique* [3] de Douglas Adams ou le *Hitchhikers Guide to the Internet* [4] de Ed Krol, publiés la même année, en 1986. On connaît la suite, l'Internet va rapidement tisser sa « toile » mais toujours sur le mode d'une communication affinitaire

---

1. « Arpa-net : Advanced Research Project Agency », *Réseaux et Télécoms*, n° 156, 10 décembre 1999.
2. HTML : *Hyper-Text Markup Language*.
3. Douglas Adams, *Guide du routard galactique*, Paris, Denoël, 1990.
4. Ed Krol, *The Hitchhikers Guide to the Internet*, University of Illinois, 1986.

avec les sites d'information et d'échange, les forums de discussion et le courrier électronique (e-mail). Ce n'est que dans un deuxième temps que les publicitaires et les entreprises vont exploiter le potentiel de ce libre « marché » de la communication à des fins commerciales, récupérant au passage les « institutions » du Web comme Yahoo !, inventé sur les campus.

Ce n'est donc pas un hasard si ce sont les étudiants « branchés » et un certain mode de socialisation des jeunes qui ont poussé à surmonter les obstacles techniques à la mise au point de la technologie Internet qui finalement leur ressemble. De même que l'incontestable succès remporté par le Net ne peut s'expliquer sans cette puissante demande de lien social, de renouvellement de ses formes, de ses codes et de ses valeurs. L'Internet comme réseau est la métaphore technologique [1] de cette demande et de cette transformation du lien social en « association » qu'il contribue à exprimer et à façonner en retour. Un lien dégagé des contingences de la proximité au profit des contenus subjectifs, un lien interactif où l'individu pour la première fois dans l'Histoire peut théoriquement faire entendre sa voix à tous les autres, un lien dépourvu de centre et de hiérarchie où la communication horizontale se substitue à la communication verticale. Bref, une socialisation en réseau, figure technologique et opératoire du lien social d'association. Un réseau qui fonctionne comme une immense association d'associations, ressuscitant *virtuellement* le mythe de l'association universelle du XVIIIe siècle.

IDENTITÉ ET FLUIDITÉ

Cette liaison permanente aux connexions choisies s'accompagne d'une évolution identitaire, deuxième carac-

1. Manuel Castells, *L'Ère de l'information. La Société en réseaux*, Paris, Fayard, 1998.

tère de l'individu relationnel. L'identité individuelle n'est plus assignable ni à une filiation (communauté d'appartenance), ni à une condition (classe sociale), ni même à une situation (profession). Elle participe de la diversité des expériences, situations et relations qui construisent l'individu. Que l'expérience individuelle l'emporte sur son « essence » pouvait être une position philosophique, c'est devenu une réalité sociologique que certains dépeignent sous les traits de l'« individu pluriel ». Individu pluriel, dont Bernard Lahire donne la définition suivante : « Un acteur pluriel est le produit de l'expérience souvent précoce des socialisations dans des contacts sociaux multiples et hétérogènes. Il a participé successivement au cours de sa trajectoire ou simultanément au cours d'une même période de temps à des univers sociaux variés en y occupant des positions différentes[1]. » Cette définition générale, on la saisit peut-être mieux quand on la rapproche, par exemple, des observations très sensibles et bien dans l'air du temps de François Reynaert. Dans l'introduction de son dernier livre[2], il raconte avec humour sa « surprise » d'un matin : « C'était l'heure où les commerçants ouvrent leur échoppe. Et je pus ainsi me rendre compte de cette chose incroyable, épatante et hallucinante à la fois : mon boucher vient à son travail en rollers [...]. Même les bouchers font du patin : c'était la preuve vivante que la vieille société figée de notre enfance cédait enfin la place à un monde monté sur roulettes, glissant vers un avenir qui, décidément, ne cesse de nous étonner. » Le boucher n'est pas qu'un boucher, il a une autre vie, peut-être même bien d'autres vies. La « condition » de boucher ne fige plus l'image définitive de son identité et de tout ce qu'elle suppose comme mode de vie. Le boucher n'est plus un boucher à plein temps qui resterait

1. Bernard Lahire, *L'Homme pluriel*, Paris, Nathan, 1998.
2. François Reynaert, *Nos années vaches folles*, Paris, Nil Éditions, 1999.

boucher après la fermeture et le serait pour toujours, c'est devenu une sorte de boucher occasionnel. Mais c'est évidemment le télescopage presque visuel du boucher et des *rollers* qui fait mouche. On pense sans doute au contraste entre la tradition du métier et la modernité du loisir, mais aussi à l'opposition entre la permanence et le mouvement, entre l'identité et la fluidité. Les rollers jouent ici comme métaphore du monde sur lequel on glisse, on surfe, on zappe continuellement ; mobilité perpétuelle qui ne permet plus de fixer l'identité puisqu'elle ne se trouve plus en un point ou un lieu précis, mais toujours en train de naviguer entre les multiples points d'un réseau sans limites. Là encore, il est remarquable que l'image de l'identité « flottante » et labile, tout entière dans la relation, se soit exprimée bien avant l'essor de l'Internet. Je pense en particulier à ce grand « mouvement » venu de Californie dans les années 1980, dit mouvement des *Riders*, où la « glisse » sur terre, sur mer, sur neige et même dans les airs (et maintenant sur la « toile ») annonce un art de vivre à part entière qui reflète la forme moderne de l'identité, d'une identité relationnelle. Contrairement aux apparences, il n'y a nulle incompatibilité entre cette identité relationnelle et l'individualité. L'individualité est d'autant plus forte et originale qu'elle résulte de relations nombreuses, variées et choisies plutôt que de quelques relations plus ou moins imposées. Comme le notait déjà Proudhon : « L'homme le plus libre est celui qui a le plus de relations avec ses semblables [1]. »

---

1. Dans le même esprit, Georg Simmel estimait que « le nombre des cercles au travers desquels un individu peut se déplacer signale le degré de culture atteint par une formation sociale » (*Sociologie et épistémologie*, Paris, Presses universitaires de France, 1981).

L'individu associé

LA RELATION D'ASSOCIATION

Multiplicité des relations, évolution vers une identité à géométrie variable, plus significative encore est la diffusion d'un certain type de rapport et de relation à l'autre, troisième qualité de l'individu relationnel. L'individu tend certes à devenir relationnel, mais de quelles relations s'agit-il ? Il semble que les rapports personnels et sociaux de l'individu tirent de plus en plus vers des rapports d'association, d'accord volontaire, de liberté et d'égalité. Si ce n'est une absolue découverte, c'est en tout cas sûrement une avancée considérable dont on n'a pas assez pris conscience, et dont on n'a pas encore mesuré toutes les conséquences car elle touche au lien social de base. Autrement dit, l'individu relationnel est aussi un individu *associé*, un individu dont le modèle de relation est l'association.

Il y a en effet une correspondance étroite entre l'importance accordée à la relation et le modèle de l'association, comme si cette dernière était la forme naturelle en même temps que la plus achevée de la relation. On sait bien que ce qui prime en général dans l'association, c'est la libre relation pour elle-même. Dans l'association, la relation pour la relation sert de base et précède toute autre considération. Encore une fois, on s'associe pour s'associer [1]. Ce qui la différencie de l'ordre communautaire d'un côté, où la relation est inféodée à la tradition et à son autorité : la relation n'est pas vécue ni construite pour elle-même puisqu'elle n'est qu'une figure de normes héritées et imposées. C'est ici

1. Alain Caillé, « Don, association et solidarité », *Recma, revue internationale de l'économie sociale*, n° 265, 1997.

moins une relation qu'une dépendance. D'un autre côté, l'association se différencie tout autant de l'ordre social contractuel où la relation en apparence plus libre se réduit au contrat et à son utilité objective. C'est là moins une relation qu'une convention qui en fixe les bornes et les usages. Par définition, la relation telle que nous l'entendons spontanément aujourd'hui ne se situe ni dans l'obligation communautaire, ni dans la réduction contractuelle à l'intérêt individuel et le plus souvent matériel[1], mais dans la libre association. Dans une société où l'information sous forme de communication et de relations généralisées prend une telle importance et se situe au cœur de son activité sociale, culturelle ou économique, l'association ne tarde pas à apparaître comme le mode le plus adapté de régulation des rapports sociaux. Le plein succès de la société d'information passe par le lien d'association.

LIBRES RELATIONS

C'est déjà largement le cas dans la sphère privée. Les relations de l'individu avec ses différents entourages se déclinent de plus en plus sur le mode de l'association. Si l'on prend le critère de la liberté, il paraît évident que l'individu se sent de plus en plus libre dans ses relations personnelles. Libre de constituer ou non une famille sans encourir une quelconque vindicte ; de la constituer par le mariage ou non et sous des formes si diverses que s'y perd la notion même de famille, laquelle prend des allures d'association affective à durée limitée[2]. On sait également que les relations à l'intérieur du couple et de la famille reposent beaucoup plus qu'auparavant sur le principe de l'égalité de chacun de ses membres et que les enfants ne sont pas les derniers à la revendiquer. Il en va de même pour les rela-

1. C'est en tout cas la différence entre la relation et les « relations ».
2. *Cf.* chapitre suivant.

tions amicales, dont les dernières enquêtes[1] montrent qu'elles sont de plus en plus librement choisies et dépendent moins de la proximité sociale. Ainsi, à titre d'exemple, estime-t-on que seulement 50 % des relations de confidence sont établies avec des personnes ayant un même statut social. Les classes moyennes sont, comme on pouvait s'y attendre, les plus éclectiques et partagent plus que les autres leurs relations avec tous les milieux sociaux. Dans la relation s'affirme de plus en plus l'affinité élective fondée sur l'authenticité du sujet et sur le libre choix. Il est clair que les relations individuelles se libèrent en grande partie des impositions communautaires et des conditionnements sociaux au profit d'une relation de libre association de sujet à sujet qui méconnaît les frontières spatiales ou sociales.

LE TEMPS DE LA RELATION

Pour une large part, l'élargissement et l'interpénétration des cercles sociaux résultent de la relativisation de la place du travail dans le cycle de vie. Si le travail est générateur de socialisation, sa durée et son uniformité ont longtemps enfermé la grande majorité des individus dans un univers professionnel et relationnel très limité et dont on avait peu de chance de sortir. La liberté individuelle et la liberté relationnelle sont en partie liées à l'augmentation du temps libéré. En moins d'un siècle, la durée du travail a été divisée par deux pour se situer autour des 1 500 heures par an, avec une entrée de plus en plus tardive sur le marché du travail, des périodes d'activité fréquemment discontinues pour cause de chômage, de formation ou de temps partiel[2], un départ plus précoce en moyenne vers la retraite et enfin une espérance de vie qui augmente chaque année. Dès lors,

1. Claire Bidart, *L'Amitié, un lien social*, Paris, La Découverte, 1997.
2. La précarisation du travail est devenue mondiale. En France, les salariés en CDI (contrat à durée indéterminée) à temps plein sont passés de 72 % de la population active en 1975 à 56 % en 1998.

on ne peut s'étonner que la part moyenne du temps de travail sur l'ensemble de la vie éveillée soit désormais inférieure à 10 %[1], ce qui laisse la plus grande place au temps libéré si ce n'est au temps libre. Rapporté à l'ensemble de la population française de plus de quinze ans, le temps de travail moyen quotidien s'établissait à 2 h 32 en 1999[2]. Parallèlement, toutes les activités dites de loisir ont augmenté comme le sport, le bricolage-jardinage, les loisirs culturels ou la télévision[3]. Si la libération du temps n'est pas une condition suffisante pour développer de libres relations, elle reste, pour l'immense majorité de la population qui ne peut confondre travail et liberté, travail et épanouissement personnel, travail et loisir, une condition nécessaire[4]. En ce sens, elle a grandement contribué à la liberté individuelle et à la diversification des relations.

Même la relation au travail a changé et se veut plus libre. On retarde parfois volontairement l'entrée dans la vie active et on multiplie les expériences et les alternances entre travail et temps disponible. Le chômage n'est pas toujours qu'une épreuve et peut recouvrir des vécus très différents[5], les dispositifs de protection sociale permettent parfois une certaine souplesse et une éthique libertaire de la « débrouillardise[6] » a marqué durablement nombre de jeunes peu pressés d'abandonner la moindre parcelle de liberté. Paradoxalement les « années chômage[7] », en précipitant la désa-

1. Calcul sur un temps plein sans aucune interruption de carrière.
2. Françoise Dumontier, Jean-Louis Pan Ké Shon, « En 13 ans, moins de temps contraints et plus de loisirs », *Insee Première*, n° 675, octobre 1999 (Enquête Emploi du temps 1986-1999).
3. La télévision reste cependant largement en tête puisqu'elle occupe plus de 50 % du temps estimé de loisir.
4. Voir, à ce sujet, Paul Yonnet, *Travail, loisir. Temps libre et lien social*, Paris, Gallimard, 1999.
5. Dominique Schnapper, *L'Épreuve du chômage*, Paris, Gallimard, 1981.
6. Paul Grell, *Héros obscurs de la précarité*, Paris, L'Harmattan, 1993.
7. Guy Aznar, *La Fin des années chômage*, Paris, Syros, 1999.

cralisation du travail, ont engendré de la distance et de la liberté par rapport à ses normes et valeurs. Enfin, à l'intérieur même de l'entreprise, le combat pour le respect de la liberté individuelle est sérieusement engagé : les procès en « harcèlement » sont certes un indicateur de comportements inadmissibles, autrefois passés sous silence, mais plus encore la manifestation de leur refus au nom de la liberté de chacun.

Au total, la liberté apparaît tout naturellement comme une dimension essentielle de la relation sociale dans tous les domaines de la vie privée ou publique. Si ce n'est une idée neuve à la Saint-Just, sa réalité l'est sans doute beaucoup plus. Le processus d'individualisation a certes mené à l'individu *solitaire*, comme on l'a vu. Mais la pleine reconnaissance de cette individualité aujourd'hui fait de la liberté des rapports individuels une valeur inaliénable. Au fond, c'est parce qu'il a vécu la *dissociation* avec la défection des liens de la communauté comme de la société que l'individu peut envisager ses relations comme une libre association.

Par libre relation d'association, je n'entends pas ici un individu qui serait devenu entièrement libre et qui se serait soustrait presque magiquement à tous les conditionnements sociaux pour réaliser sa pleine autonomie. Je pense même exactement le contraire. Il me semble en effet que par la variété des relations, situations et expériences, l'individu multiplie les sources d'influence et de conditionnement, mais que précisément en relativisant les plus fortes d'entre elles et les unes par les autres, l'individu gagne en liberté. Paradoxalement, c'est de la multiplication des déterminations souvent contradictoires que naît le sentiment de liberté que peut éprouver l'individu d'aujourd'hui. L'individu n'est sans doute pas « libre » ; seulement il se ressent comme *plus* libre en raison de l'abolition des déterminismes à sens unique. Moins que jamais les grands déterminismes sociaux peuvent rendre compte de la complexité des comportements. C'est cette complexité des parcours individuels et de leurs influences dont nous ne saisissons qu'une infime partie, que nous assimilons à la liberté du sujet par facilité. La liberté du sujet, ou le sentiment de cette liberté, ne naissent pas du relâchement des déterminations, mais au contraire de leur superposition.

L'ÉGALITÉ FONDAMENTALE

Un constat analogue peut être fait au sujet de l'égalité, autre grand critère de la relation d'association. Là également, pas plus que pour la liberté, il ne s'agit pas de l'égalité « objective » entre individus que l'on serait d'ailleurs bien en peine de mesurer, et encore moins de l'égalité des conditions matérielles qui au contraire ne cesse de régresser aux deux extrêmes (premier et dernier décile), mais du « sentiment » d'égalité. Par sentiment d'égalité, j'entends cette perception d'un individu « qui vaut tous les autres et que tous les autres valent », comme l'écrivait Jean-Paul Sartre [1]. Dans son principe, la notion d'égalité a été intériorisée par l'individu, car l'un des effets de l'extrême individualisme est que précisément l'individu d'aujourd'hui se ressent comme individu unique. Par la prise de conscience de l'originalité de chaque individu qui en fait un être littéralement « exceptionnel [2] » à l'intérieur d'un même genre humain, les individus se ressentent comme *fondamentalement* égaux. On est ainsi passé insensiblement du concept abstrait d'égalité légué par le XVIIIe siècle, à l'assimilation par l'individu d'un principe fondamental et intangible de sa condition. Pour le dire trop rapidement, à force d'être proclamé, invoqué, répété, le principe d'égalité a fini dans l'ensemble par être cru à défaut d'être vécu et encore moins d'être

1. Jean-Paul Sartre, *Les Mots*, Paris, Gallimard, 1964.
2. Comme le proclament nombre de publicités qui jouent sur le double sens du mot.

réalisé. On ne voit pas assez que les inégalités objectives de plus en plus mal acceptées et supportées procèdent d'un sentiment beaucoup mieux partagé de l'égalité, même s'il serait abusif de généraliser ce qui reste de l'ordre de la perception individuelle. En ce sens, on peut parler d'une révolution silencieuse de l'égalité qui a fini par gagner les consciences et les mentalités dans les sociétés « avancées ». En profondeur, les individus se ressentent désormais comme égaux au terme d'une très longue évolution dont les manifestations sont aujourd'hui sensibles et que chacun peut observer. La famille est encore un bon terrain pour observer cette reconnaissance progressive de l'égalité de chacun de ses membres. Les magazines féminins exploitent depuis longtemps ce thème de la « nouvelle donne » égalitaire dans les rapports entre le masculin et le féminin, voire du renversement des rôles. La substitution de l'autorité parentale à l'autorité paternelle (1970) ou la montée des droits de l'enfant sont significatives de cette évolution qui se poursuit, même s'il reste encore fort à faire. Même dans les services publics « l'assujetti » fait place au sujet, à l'usager, au client, voire à la personne, et l'égalité de traitement y est mieux respectée. D'une manière générale, les progrès dans la défense, le respect de la personne et plus généralement des droits de l'homme vont dans le sens de cette culture de l'égalité. Le milieu du travail, pourtant peu propice à ce type de culture et en dépit du durcissement des rapports sociaux, ne reste pas à l'écart de ce mouvement de fond. Dans l'ensemble, on y a réduit le nombre de niveaux hiérarchiques et aussi les distances hiérarchiques quand bien même la disparité des salaires a tendance à augmenter. La dématérialisation d'une grande partie du travail, faisant plus appel aux compétences individuelles et à la mobilisation de la personne, incite à sa reconnaissance et à l'aborder *a priori* sur un pied d'égalité. Même dans la relation hiérarchique, la reconnaissance d'une égalité de principe, de la personne comme non réductible à sa position de salarié ou de subordonné, est le plus souvent partagée et devient une condition de l'action sinon de la performance. Mais c'est évidemment chez les jeunes que cette culture de l'égalité est la plus forte et la plus implicite. Par expérience personnelle, je peux mesurer année après année que la relation avec les étudiants, certes public privilégié, s'est modifiée. Il ne s'agit plus de contestation ni de revendication mais d'affirmation tranquille de son point de vue, de la valorisation de ses idées et expériences. Sans méconnaître la différence respective des places et des rôles, ceux-ci ne valent que si l'enseignant s'y montre à la hauteur et seulement pour la durée du cours. La soumission traditionnelle au statut n'est plus de mise. Cette manifestation de la culture égalitaire et du plein respect de l'identité de la personne est d'ailleurs présente aujourd'hui dès le lycée. Certains considèrent qu'une grande part des manifestations lycéennes peut être décryptée comme une volonté de reconnaissance des lycéens. Ces derniers se veulent acteurs à part entière de l'institution éducative, c'est-à-dire de vrais partenaires capables de négocier à parité avec les autres acteurs administratifs ou enseignants sur tous les sujets qui touchent à leur quotidien ou leur avenir. Comme le remarque Patrick Rayou : « La question de fond non résolue est celle de la reconnaissance du statut d'adulte des lycéens. Faute de la traiter, plus on fait mine de faire un pas vers eux, plus on s'éloigne de la solution véritable[1]. » Encore une fois, cette culture de la communication et de la négociation transforme l'ensemble des rôles sociaux et passe de plus en plus par l'égalité et l'association comme préalable à toute forme de contrat, fût-il pédagogique.

1. Patrick Rayou, *La Cité des lycéens*, Paris, L'Harmattan, 1999.

L'ÉGALITÉ COMPLEXE

Il y a évidemment de multiples raisons à cette évolution en profondeur de la nature du lien social. D'abord la conception de ce qu'est l'égalité. Elle repose à la base sur une certaine égalité des conditions mais presque autant dans la possibilité de faire valoir ses choix de vie, ses orientations, ses objectifs, comme aussi respectables que tout autre et d'être reconnus comme tels. Il y a différentes manières de vivre et l'égalité consiste à ce que chacun puisse les mener à bien, ce que les philosophes appellent « la pluralité des fins légitimes ». L'égalité n'est plus dans la conformité identique à une norme collective, mais dans la possibilité pour chacun d'affirmer et de voir reconnaître sa propre identité et sa propre voie à parité avec d'autres. On peut préférer le *lien* au *bien* par exemple, arbitrer pour plus de temps libéré plutôt que pour une rémunération supérieure, etc. Il est d'autant plus remarquable de voir progresser cette « égalité complexe [1] », faite autant de la différence que de la ressemblance, que nos sociétés tendent plutôt à unifier leurs systèmes de valeurs autour du marché, de la performance individuelle et de la réussite financière. Il y a un vrai décalage entre des individus qui, dans le lien social de base, se ressentent comme égaux à travers une pluralité de valeurs, de modes de vie et la faiblesse du débat public sur cette pluralité des mondes possibles, dont le monolithisme du discours politique est largement responsable.

Le sentiment d'égalité a aussi progressé avec l'élévation générale du niveau de formation et plus encore ce que l'on peut appeler le niveau culturel moyen des individus. On sait qu'on approche de plus de 60 % d'une génération au niveau

---

1. Expression empruntée à Michael Walzer, *Sphères de justice*, Paris, Le Seuil, 1997.

du baccalauréat et que plus de 25 % de cette même génération obtiendra un diplôme de l'enseignement supérieur. À cette formation formelle, il faut ajouter toutes les sources de formation informelle autrement puissantes aujourd'hui. Dans une société d'information, la formation devient de fait permanente mais reste toutefois en partie liée aux acquis de départ. Il n'empêche que globalement presque toutes les pratiques culturelles[1] s'intensifient et se diversifient pour ne prendre que cet exemple. Progression rapide des équipements culturels (télévision par câble, magnétoscopes, disques compact ou ordinateurs), des sorties culturelles (musées, spectacles vivants et même cinéma qui était sur le déclin), mais, plus significatif encore, de l'essor des pratiques artistiques amateurs, puisque plus de la moitié des Français s'adonnent plus ou moins régulièrement à la peinture, à la musique, au théâtre, etc. Cette évolution relativement nouvelle est notable car elle témoigne, au-delà des pratiques collectives, d'une personnalisation et d'une appropriation des pratiques culturelles dont chacun tire un petit cocktail personnel, loin des impératifs culturels de la seule « culture cultivée ». Enfin, contrairement à une autre idée reçue, la lecture (hors presse quotidienne) se maintient à un bon niveau[2], seuls les gros lecteurs lisent plutôt un peu moins de livres dans l'année, en dépit de sollicitations ou de substituts au livre qui n'existaient pas il y a dix ans à peine.

Notre relation à l'élitisme est un autre indicateur de la pénétration de la culture de l'égalité. Les élites sont reconnues dans leur domaine de compétences et de prédilection que ce soit le football, la littérature, le show business ou le business tout court. Mais il n'y a plus de figure imposée ou d'archétype de l'élite qui distinguerait systématiquement

1. *Les Pratiques culturelles des Français*, Enquête 1997, Paris, La Documentation française, 1998.

2. 74 % des Français ont lu au moins un livre au cours des douze derniers mois (*ibid.*).

ceux qui « savent » de ceux qui ne savent pas, ceux qui sont « éclairés » et ceux qui ne le sont pas. La grande école, le grand commis d'État ou le patron d'industrie ne représentent plus une élite en soi mais des formes particulières de réussite. La prétention de la classe politique d'avoir « réponse à tout » et son manque d'humilité figurent certainement au nombre des raisons de leur désaveu. Il n'est plus possible d'opposer ceux « d'en haut » à ceux « d'en bas ». Même si cela demeure sous bien des aspects une réalité, celle-ci est récusée par le plus grand nombre. Dans l'imaginaire collectif, la société n'est plus par essence une construction verticale ou pyramidale, elle devient de plus en plus horizontale si l'on veut bien considérer que les dominations ne s'y cumulent plus nécessairement, et qu'elles sont de toutes façons relatives au regard de l'égalité intrinsèque que les individus affirment désormais les uns vis-à-vis des autres. Cette perception culturelle de l'égalité inscrite dans la nature du lien social actuel ne saurait pour autant légitimer ni rendre plus tolérables les inégalités sociales et économiques croissantes. Bien au contraire, elle rend encore plus indispensable le débat démocratique sur la pluralité des valeurs et des mondes possibles, sur les conditions de réalisation concrètes de la liberté individuelle, sur les inégalités légitimes (et non sur l'inégalité en soi) et sur leurs seuils de tolérance. Pour l'instant, ce débat s'exprime plutôt dans la « rue » et dans les mouvements sociaux.

LA TRIBU OU L'ASSOCIATION ?

Si l'affirmation d'unc culture de la liberté et de l'égalité, que ne réalise ni le lien communautaire ni le lien contractuel, définit bien en revanche le lien social d'association, celui-ci recompose aussi un autre rapport de l'individu au collectif. Dans l'association, l'individu reste lui-même tout en participant à un collectif. L'association n'est ni du côté de l'individu (contrat) ni du côté du collectif (communauté), mais dans la construction volontaire de leurs relations. Relations volontaires, libres, multiples et généralement à durée limitée, ainsi se caractérise l'individu relationnel qui tisse naturellement une relation d'association à son environnement.

Pourtant, on persiste à confondre l'association et la communauté. Pour de nombreux observateurs, la recomposition moderne du lien social se ferait sur le mode communautaire[1]. L'excès d'individualisme se retournerait en son contraire avec le retour de nouvelles communautés. C'est, par exemple, la thèse de Michel Maffesoli qui oppose les nouvelles « tribus affectuelles » aux groupements contractuels générateurs de solitude. Tribus affectives, tribus émotionnelles, clans, communautés d'appartenance, néo-familialisme, ainsi se dessinerait une post-modernité par une sorte d'éternel retour aux origines. Selon ses propres termes : « Il semblerait que par un de ces courts-circuits habituels dans les histoires humaines, la socialité post-moderne réinvestisse quelques valeurs pour le moins archaïques [...]. Le paradigme du réseau peut ainsi être compris comme la réactualisation de l'antique mythe de la communauté[2]. » Cet éternel retour du communautaire ne peut être écarté et nombreux sont ceux qui craignent légitimement le retour des nationalismes ou des provincialismes en Europe[3], des sectarismes, des communautés identitaires pour cause de mondialisation et d'ultra-libéralisme évoqué ici même. Hors ces traits grossiers de l'identité « objective » (*thick identity*[4]) des communautés traditionnelles, les « communautés » modernes seraient

1. James Kotkin, *Tribes*, New York, Random House, 1992.
2. Michel Maffesoli, *Le Temps des tribus*, Paris, Méridiens, 1988.
3. « Nationalismes régionaux en Europe », *Hérodote*, n° 95, 4e trimestre 1999.
4. Expression de Michael Walzer, *Thick and Thin*, Notre Dame, University of Notre Dame Press, 1994.

plutôt fondées sur les affinités électives (*thin identity*) et sur les ententes subjectives entre personnes. Non plus des communautés d'appartenance, mais des communautés choisies selon ses goûts et inclinations, que ce soit une amicale de collectionneurs, d'amoureux de *country rock*, de philatélie ou de pêche à la ligne, etc.[1]. Ce qui les apparente plutôt à des associations qu'à des communautés au sens strict. La distinction n'est pas subtile, elle est fondamentale. En effet, si la tribu en question accapare le sujet, définit son identité et son mode de vie, fonctionne sur le mode de la fusion et de l'émotion, si elle est indifférente aux valeurs de liberté et d'égalité, refermée sur elle-même, on est effectivement dans le registre de la communauté dont l'activisme des sectes religieuses fournit la caricature. Si cette tendance existe incontestablement, elle reste pour l'instant minoritaire au regard de ce qu'il faudrait alors appeler des « communautés » associatives. C'est-à-dire le primat de l'individu et des valeurs de liberté et d'égalité, la participation et l'explicitation des règles du jeu et du fonctionnement de l'association à l'inverse des communautés qui fonctionnent dans le rituel et l'implicite, la multiappartenance à plusieurs cercles ou associations, la réversibilité de l'engagement et l'ouverture sur l'extérieur par opposition à la « clôture » communautaire, pour ne citer que les traits les plus importants. Tous ces caractères opposent de fait la communauté à l'association. Nous sommes heureusement plutôt dans le deuxième cas de figure avec un principe d'association qui devient le cœur du lien social. Il est vrai que la réalité entretient parfois la confusion entre les deux, une association peut servir de paravent à un enfermement communautaire, mais c'est précisément là une dérive de l'association. Prenons les jeunes des banlieues dont on a tout de suite dit, cédant à un

1. Bernard Cathelat (sous la dir.), *Le Retour des clans*, Paris, Denoël, 1997.

vieux réflexe communautaire, qu'ils manifestaient violemment pour faire valoir leur différence identitaire sur base ethnique. La réalité est tout autre, leur « regroupement » plutôt spontané est d'emblée multiculturel et multiethnique – « black, blanc, beur » –, et ils luttent au contraire contre les ghettos et pour l'intégration sociale [1]. C'est plutôt « l'extérieur » qui les enferme dans des ghettos communautaires qu'ils rejettent. De même, les « communautés » homosexuelles ou les associations féministes luttent moins pour leurs spécificités que pour la non-discrimination, le droit commun et leur part d'universalité. C'est pourquoi il faut éviter la confusion habituelle des notions [2], car la dilution de l'association dans le communautarisme laisse croire que notre perspective se limiterait soit à la poursuite de la désagrégation sociale, soit au retour des communautés. Je crois justement que l'association nous permet de sortir de cette alternative entre la peste et le choléra.

L'ASSOCIATION DE FAIT

Il faut se convaincre que ce lien d'association encore mal perçu est bien un lien social en soi, un lien spécifique et original, irréductible à la communauté mais aussi au contrat. Non seulement la plupart des liens ne donnent pas lieu à contrat, mais il faut rappeler ici que le contrat ne produit pas en tant que tel un lien social et que s'il met en avant la liberté, celle-ci reste toute théorique, ne serait-ce qu'en l'absence d'égalité. Concrètement, ce lien d'association structure de plus en plus les relations de la personne et produit ces multitudes de groupements de fait, de groupements informels dans tous les domaines de la vie sociale ou cultu-

1. Parmi les nombreuses contributions sur ce sujet, voir notamment celle de Jacques Barou, « La France, société multiculturelle », *in Sociétés, cultures, communautés, Projet*, n° 255, automne 1998.

2. Le terme de communauté est très ambivalent ; je m'en tiens ici à sa définition sociologique.

relle, de la bande de copains aux cyclistes qui se retrouvent régulièrement chaque dimanche. Là se forme en profondeur un vrai tissu « associatif » qui déborde très largement les organisations associatives elles-mêmes. Aujourd'hui, la vitalité du processus d'association se trouve autant dans ces relations quotidiennes dynamisées par les nouvelles technologies que dans les associations déclarées. Ce qui se passe aujourd'hui et transforme le lien social de « bas en haut », de la famille à la citoyenneté, dépasse sans aucun doute ce qu'avait imaginé le législateur de la loi de 1901 sur les associations. Pourtant, il faut rappeler que celui-ci a explicitement statué sur le droit pour chacun de s'associer librement avec qui bon lui semble, même si cela ne concerne que deux personnes, avant l'association elle-même qui n'est qu'un dérivé de cette libre association sans contrat, déclaration, ni obligations légales[1]. On ne retient en général de cette loi que la finalité non lucrative de l'association énoncée en son premier article, le deuxième article de la loi me semble aujourd'hui sociologiquement au moins aussi pertinent. Il est ainsi rédigé : « Les associations de personnes se forment librement sans autorisation ni déclaration préalable mais elles ne jouiront de la capacité juridique[2] que si elles se sont conformées aux dispositions de l'article 5. » Autrement dit, forts de cette liberté, la grande majorité des groupements ou associations de fait ne songent pas à se déclarer. Et même quand elles le font, comme le note Jacques Ion : « Combien d'associations où les cotisations ne font l'objet d'aucun appel formel ? Combien d'associations où n'existent point de cartes de membres ? À la limite, il n'y a plus que des groupements de fait[3]. » Notre tradition institutionnaliste et contractualiste a sensiblement déformé la concep-

1. C'est d'ailleurs ce qui en fait un principe constitutionnel à l'exclusion de toute autre forme de regroupement.
2. Notamment le droit d'ester en justice.
3. Jacques Ion, *La Fin des militants*, Paris, Éditions de l'Atelier, 1997.

tion originaire de l'association et a gommé sa dimension de lien social de base qui est aujourd'hui capitale pour sa compréhension.

UN ÉTAT D'ESPRIT

Il n'y a cependant pas de rupture entre le lien d'association et l'association formalisée et déclarée. Il s'agit *a priori* du même type de lien et il y a donc continuité entre la relation de proximité, la bande de copains, l'association de fait et la petite association de quartier déclarée ou autre qui, en grossissant, peut devenir dans le cas des grosses ONG[1] humanitaires une sorte de « multinationale ». Le changement d'échelle est un changement quantitatif, il conserve les caractères distinctifs du lien d'association même s'il en modifie les fonctionnements. Comme l'avait bien vu Tocqueville[2] en son temps, l'association est avant tout un état d'esprit, une « science nouvelle » du rapport entre les hommes en même temps que la « science mère », selon ses expressions favorites, d'une authentique démocratie. C'est cet état d'esprit que pressent probablement un *designer*, célèbre par ses anticipations, lorsqu'il déclare : « J'ai l'intuition qu'aujourd'hui des tas de gens se forment de façon non fédérée. Des gens qui savent à peine qu'ils existent, mais amenés à devenir une nouvelle force sociale extrêmement intéressante[3]. » Au reste, on ne comprendrait pas la grande vigueur du mouvement associatif actuel, puisqu'il se crée par exemple plus de deux cents associations par jour en France, si elle ne puisait pas dans ce terreau de plus en plus fertile du lien d'association. En réalité, l'histoire des grands mouvements associatifs dans le monde reproduit presque toujours cet itinéraire qui part de ce lien de base et évolue

1. ONG : Organisation non gouvernementale.
2. Alexis de Tocqueville, *De la démocratie en Amérique* (1840), t. II, Paris, Gallimard, coll. « Folio », 1986.
3. Philipe Starck, *Libération*, 28 septembre 1998.

vers la grande organisation. Ainsi l'une des plus grandes ONG comme Amnesty International est-elle partie d'une initiative de quelques citoyens militant pour les droits de l'homme et contre les tortures où qu'elles soient infligées à travers le monde. Amnesty compte aujourd'hui plus de treize millions de membres, soit la taille d'un véritable pays qu'aucun dictateur dans le monde ne peut plus ignorer. Qui dit mieux ? Dans tous les domaines du droit, de la santé, de l'environnement, de l'éducation, se constituent ainsi des sortes de grandes « familles » planétaires qui forment elles aussi un nouveau pôle de la mondialisation. À moins que ce ne soit la famille elle-même, prototype du lien communautaire, qui se mette à ressembler à une association ?

Chapitre V

LA FAMILLE ASSOCIATION

Les récentes évolutions de la famille et du lien familial sont exemplaires de la pénétration du lien d'association dans l'ensemble des rapports sociaux. Exemplaires parce que la famille est un lien social fondamental, mais aussi parce que ses transformations sont celles de la société tout entière. Le lien familial est bien le premier (à tous égards) des liens sociaux, il agit plus ou moins comme une sorte de matrice du lien social. On l'a dit et redit depuis Frédéric Le Play[1], la famille est une société « en miniature » qui tend à *reproduire* et à préserver l'ordre social. La famille apparaît ainsi du côté du maintien des traditions et des héritages séculaires, pôle de stabilité et d'identité sociale qui résiste aux aléas du changement social. Dans les années 1940, la famille – au centre du triptyque « travail, famille, patrie » – symbolise la pérennité d'un ordre social immémorial qui fera dire au maréchal Pétain : « Si la famille fléchit, tout est

1. Frédéric Le Play, *La Réforme sociale en France*, Paris, Mame, 1878. À noter que pour Le Play (1806-1882), la famille et l'association sont les deux piliers de toute réforme sociale.

perdu ; tant qu'elle tient, tout peut être sauvé [1]. » Traditionnellement, la famille et plus encore le « familialisme » qui la prend pour modèle de toute relation sociale, passent pour des thèmes conservateurs par excellence.

Cette relative inertie de la structure familiale à travers les siècles rend d'autant plus remarquables ses transformations récentes qui témoignent à coup sûr d'une évolution en profondeur du lien et, à terme, de l'ordre social. Si la famille bouge, tout bouge. Or, c'est peu dire que, depuis les années 1960, la famille est en proie à des bouleversements tels que certains vont jusqu'à mettre en doute sa survie.

UNE HISTOIRE DE FAMILLES

Les grandes mutations du lien familial s'ajustent assez bien à la succession des différents âges du lien social décrite précédemment. Au lien communautaire correspond précisément la famille dite *communautaire* [2]. La famille traditionnelle est bien l'archétype du lien communautaire d'autant plus que la communauté elle-même est conçue sur le mode familial. La communauté de base est en général une grande famille, famille tribu, où les liens de parenté et de sang assignent les places, distribuent les pouvoirs et organisent les clans. Les règles matrimoniales s'imposent à l'individu et composent une large part des règles sociales, économiques et politiques, du totem de l'alliance au tabou de l'inceste. Aujourd'hui encore, le communautarisme qui met toujours en scène une quelconque parenté réelle ou imaginaire, utilise souvent le puissant ressort du familialisme.

---

1. Cité par Jacques Commaille et Claude Martin, *Les Enjeux politiques de la famille*, Paris, Bayard Éditions, 1998.

2. Il s'agit d'une typologie courante que l'on trouve par exemple chez Louis Roussel, *La Famille incertaine*, Paris, Éditions Odile Jacob, 1989, ou Emmanuel Todd, *La Diversité du monde. Famille et modernité*, Paris, Le Seuil, 1999.

Dans un deuxième temps, le glissement du lien social communautaire vers l'âge de la société et du contrat se retrouve au premier chef dans la famille, la famille *contractuelle*. Même si la famille, bastion communautaire, ne rompt évidemment pas brutalement avec les règles sacrées et multiséculaires de la parenté communautaire, elle se soude désormais essentiellement autour du *contrat* de mariage. Comme tout contrat, celui-ci suppose la reconnaissance de l'individualité et de l'affirmation de sa volonté à travers le libre consentement dans le mariage civil, ainsi que le droit de résilier ce contrat par le divorce. Comme l'énonce Cambacérès en 1794 pour justifier le droit de divorcer : « Le droit de liberté personnelle est le droit de disposer de soi. Il est juste qu'une union, formée pour le bonheur de deux individus, cesse dès que les deux individus ou que l'un des deux n'y trouvent plus le bonheur qu'on y a cherché. Qui pourrait exiger du cœur de l'homme qu'il reste attaché là où il ne se sent pas heureux [1] ? » La famille moderne est née autour d'un contrat qui représente certes une libération du carcan communautaire mais qui, pas plus que les autres contrats, ne réalise ni la liberté ni l'égalité entre les sexes. Cette famille, dite famille nucléaire, définie par l'alliance du contrat et de la descendance directe et légitime, s'impose comme modèle de référence de la famille « standard » jusqu'aux années 1960.

Le troisième moment, celui de l'âge solitaire et de la déliaison sociale, correspond bien à celui de la « grande cassure » de la famille au milieu des années 1960, selon l'expression d'Évelyne Sullerot [2]. Le terme de « démariage [3] » exprime fort bien le déclin de la centralité du

1. Cité par Irène Théry, *Le Démariage*, Paris, Éditions Odile Jacob, 1993.
2. Évelyne Sullerot, *Le Grand Remue-ménage. La Crise de la famille*, Paris, Fayard, 1997.
3. Irène Théry, *op. cit.*

contrat de mariage dans la formation du lien familial. Il s'agit en l'occurrence moins de l'accélération du nombre de divorces (plus de 40 divorces pour 100 mariages en 1996 [1]) qui n'est pas incompatible avec un mariage populaire, que de la pluralité des types de famille, depuis l'union libre avec ou sans cohabitation, des familles recomposées ou monoparentales et désormais des Pacs [2], qui font plus que concurrencer le mariage. La famille « classique » et « moderne » unie par le mariage, avec des enfants, est aujourd'hui une forme de vie sociale devenue minoritaire. Aux États-Unis, ces familles représentaient en 1995 [3] 25,5 % des ménages (contre 40,3 % en 1970), 28,9 % sont des ménages mariés sans enfants, 15,6 % ne sont pas mariés et 25 % vivent seuls. Si la famille communautaire constituait un groupe auquel on ne pouvait échapper [4], la famille moderne serait-elle plutôt un groupe auquel on se doit d'échapper ?

Face à ce délitement de la famille moderne et contractuelle que l'on a pris pour sa disparition, on a alors beaucoup parlé de « mort de la famille » [5]. En mai 1999, le président du congrès des notaires consacré à la famille ouvre la session par ces mots : « La famille subit des attaques si nombreuses, que l'on peut se demander aujourd'hui s'il reste une famille [6]. » Cette vision de la déliaison sociale qui n'épargne pas la famille et de l'atomisation de la société renvoyant l'individu à sa solitude contient sa part de vérité.

1. Soit un quadruplement depuis les années 1960. À comparer avec la Belgique (58 %), la Suède (53 %) ou l'Angleterre (46 %), mais aussi avec les pays d'Europe du Sud, Italie (8 %), Portugal (16 %), Espagne (17 %). Nombre d'informations chiffrées sont rassemblées dans Gérard Mermet, *Francoscopie*, Paris, Larousse, 1999.

2. Pacs : Pacte civil de solidarité.

3. Selon l'US Bureau of Census (1996).

4. Selon la formule de Norbert Élias, *op. cit.*

5. Voir notamment, David Cooper, *Mort de la famille*, Paris, Le Seuil, 1975, et *Finie la famille*, Paris, *Autrement*, 1975.

6. *Demain la famille*, 95e congrès des notaires de France (Marseille, 9-12 mai 1999), *Petites affiches*, n° 84, 28 avril 1999.

Néanmoins, elle masque une recomposition informelle du lien social, hors communautés et hors contrats, sous la forme du lien d'association, qui me semble précisément irriguer de plus en plus les comportements à l'intérieur des familles quels qu'en soient les types. En ce sens, on peut comme Louis Roussel parler de « mariage association[1] » formant une sorte de « famille club ». C'est dans une perspective assez voisine que j'utilise ici le terme de famille association.

LA PLUS PETITE DES ASSOCIATIONS

Le non-renoncement à son individualité dans la vie familiale d'aujourd'hui est jugé comme un caractère essentiel par la plupart des spécialistes de la famille. La montée de l'individualisme suppose une nouvelle articulation de l'individu au collectif, fût-il le plus petit des collectifs comme le couple. Plus question de se mouler dans un contrat préétabli ni de se laisser conditionner par une image *a priori* de la famille, ni même de s'identifier totalement à son couple. Plus question de « se sacrifier » pour la famille, plus même question de fusion amoureuse durable, on serait plutôt dans la « fission » amoureuse[2]. Ce qui n'empêche nullement les sentiments ni de vivre ensemble. Vivre ensemble certes, mais à condition d'être « libres ensemble », selon l'expression de François de Singly[3], c'est-à-dire de respecter la part de liberté de chacun. Ce fin réglage entre proximité et distance, entre vie personnelle et vie commune, entre identité et altérité, est un pari difficile

1. Louis Roussel, « Mariages et divorces. Contribution à l'analyse systématique des modèles matrimoniaux », *Population*, n° 6, 1980. Benoît Bastard et Laura Cardia-Vonèche évoquent également la « famille associative ».

2. Serge Chaumier, *La Déliaison amoureuse*, Paris, Armand Colin, 1999.

3. François de Singly et *al.*, *Libres ensemble*, Paris, Nathan, 2000.

à tenir pour le couple. Il l'est d'autant plus que l'autonomie de chacun renforce les exigences à l'égard de l'autre. Il s'agit donc de conjuguer tout à la fois autonomie, liberté et réalisation de soi à travers l'autre [1]. Comme l'identité de l'individu relationnel est par définition très évolutive, elle doit si ce n'est converger avec l'autre, du moins rester compatible au sein du couple. Si l'on ajoute que l'augmentation de l'espérance de vie, comme la réduction du temps de travail, allongent le temps de la vie commune, on a là quelques caractéristiques majeures du lien familial actuel qui en font toute la fragilité.

Ce nouvel aménagement du lien conjugal dont on attend qu'il préserve l'individualité de chacun tout en la réalisant dans le couple, est typique du lien d'association. Il ne relève en effet ni du lien contractuel qui objective les droits et devoirs de chacun, fige des rapports ou une situation et juxtapose des individus plus qu'il ne les associe, ni du lien communautaire où l'individu accepterait « d'enterrer » sa vie personnelle, comme on enterre « sa vie de garçon », au profit d'une « nouvelle » vie, la vie conjugale et familiale. La relation d'association dans la famille ou ailleurs n'est ni la stricte détermination des rapports et des intérêts de chacun, ni l'abnégation. Les individus sont désormais associés dans un couple, dans une famille où les relations s'inventent au jour le jour [2] et se négocient sur une base en principe paritaire, dans le respect de l'individualité de chacun. L'individu se définit plus par lui-même que par un état civil et un statut matrimonial l'enfermant dans un rôle social. Cette famille association, pour ne pas dire « association familiale », se manifeste donc autant par l'identité et la valorisation des activités propres à chacun, que ce soit le travail, par lequel les femmes ont conquis leur indépendance, ou les loisirs,

1. François de Singly, *Le Soi, le couple et la famille*, Paris, Nathan, 1996.

2. Socialisation « par frottement », selon François de Singly.

que par une identité collective et des activités communes. En ce sens, comme dans une association, les moments partagés sont moins donnés ou imposés que délibérément choisis. Chacun entend rester maître de son « territoire » social ou spatial. Chacun a son « coin » personnel qu'il accepte de partager ou non avec l'autre. À la limite, l'espace privé n'est plus celui du couple, mais celui de l'individu ; c'est un espace privé à l'intérieur de l'espace privé commun.

Ce qui vaut pour le couple vaut aussi pour les enfants, qui revendiquent de plus en plus tôt leur autonomie, leur chambre à eux, leur télévision, leur téléphone personnel, etc. Ils négocient comme partenaires à part entière dans la famille et veulent être très tôt *associés* à toute décision les concernant[1].

LA LIBERTÉ DE L'ASSOCIATION ET LES AVANTAGES DU CONTRAT

Cette autonomie de chacun au sein de la famille recouvre un principe plus large de liberté par rapport à l'institution familiale qui est l'un des grands principes du lien d'association. Le premier signe de cette liberté est précisément de pouvoir s'affranchir de l'institution familiale, ne serait-ce qu'en optant temporairement ou définitivement pour la vie « en solo ». Le célibataire n'est définitivement plus le marginal aux mœurs douteuses. Aux États-Unis comme partout en Europe, la proportion de « vrais » célibataires (non mariés, ne vivant pas en couple) et qui le restent est en constante augmentation[2]. La plus grande liberté que donne l'association est de pouvoir la refuser.

S'affranchir de tout lien familial ou alors composer librement et par accord mutuel le type de lien qui convient

1. Michel Fize, *La Démocratie familiale. Évolution des relations parents/adolescents*, Paris, Presses de la Renaissance, 1990.

2. La vie en solo concerne environ un Français adulte sur trois (32 %), soit 18 % de personnes jamais mariées, 8 % de veufs, 6 % de personnes séparées ou divorcées.

le mieux à sa conception de la famille, que ce soit l'union libre, le Pacs ou le mariage, c'est là évidemment une autre liberté majeure. Qu'on s'en réjouisse ou qu'on le déplore, la famille n'est plus ce qu'en décide une institution ou en stipule un contrat, mais la libre construction d'une vie partagée à laquelle on accorde une valeur toute particulière, celle d'une famille. Comme le note Irène Théry [1] : « L'individu devient la véritable cellule de base de la société, la famille étant désormais non un groupe prédéfini mais le *réseau* que dessinent *a posteriori* des échanges interindividuels de plus en plus autonomes et électifs. » Cette liberté d'élaborer, de négocier, de délibérer, d'édicter (ou non) et de dénoncer des règles de vie commune, relève très exactement du principe d'association par différence avec les cadres communautaires ou contractuels.

Cette relation d'association qui fonde le couple et la famille n'exclut évidemment pas le contrat. Mais justement le contrat n'est plus fondateur, il n'est que la conséquence éventuelle de l'association préalable. La famille ne commence plus avec le contrat. Non seulement le mariage n'est qu'une modalité parmi d'autres de la constitution du lien familial, mais dans la plupart des cas, se marier n'intervient qu'après une phase plus ou moins longue de vie commune et de cohabitation. Un peu comme l'association informelle qui, ayant expérimenté son objet et souhaitant une reconnaissance publique avec les avantages que cela comporte, décide d'officialiser et de contractualiser son action. On constate en effet que l'âge du premier mariage est de plus en plus tardif et se situe aujourd'hui vers 29 ans pour les hommes (25 ans en 1980) et vers 27,5 ans pour les femmes (23 ans en 1980). On sait aussi que le mariage, s'il conserve une charge symbolique pour certains, d'autant plus qu'il est

1. Irène Théry, *Couple, filiation et parenté aujourd'hui*, Paris, Éditions Odile Jacob et La Documentation française, 1998.

mûrement réfléchi en toute liberté, se décide tout autant pour des raisons matérielles, fiscales, successorales ou vis-à-vis des enfants pour « régulariser une situation », comme on le dit couramment[1]. À la limite, le mariage n'est plus que le contrat juridique proprement dit, facilitant la vie matérielle d'une famille qui repose essentiellement sur la relation d'association. L'introduction du Pacs contribue également à cette « désinstitutionnalisation » de la famille tout en conservant les avantages matériels liés au contrat que l'on peut défaire et refaire à volonté, comme n'importe quelle association, sans passer par le bureau du juge. Outre le libéralisme sexuel qui l'a très directement inspiré, en permettant aux couples homosexuels d'accéder à un statut de droit commun en France, le Pacs exprime bien en profondeur la reconnaissance publique de la famille association à laquelle on offre en outre les avantages du contrat, même s'ils restent inférieurs à ceux d'un contrat de mariage.

L'ÉGALITÉ DANS LES TÊTES

Le rapport à l'égalité entre les sexes et dans la famille, autre critère décisif du lien d'association, est une question plus ambiguë. D'un côté, ne serait-ce qu'en raison de la liberté accrue de chacun, l'égalité homme-femme a incontestablement progressé. Outre les mouvements féministes, avant-garde d'une évolution de fond du lien social vers l'égalité, la participation massive des femmes au marché du travail leur conférant indépendance financière et assurance personnelle, a constitué un accélérateur de leur émancipation. Non seulement les femmes travaillent presque autant que les hommes, mais la naissance d'enfants ralentit de moins en moins leur activité professionnelle puisque 80 % des mères d'un enfant travaillent et plus de 77 % de celles

1. 40 % des naissances en France et plus de la moitié en Suède interviennent hors mariage.

qui en ont deux. Aujourd'hui, l'accès aux études supérieures où elles obtiennent de meilleurs résultats en moyenne que les garçons [1], jouent un rôle assez analogue à la vie de travail dans les années 1970 dans le combat pour l'égalité. Pour autant, on sait que la répartition des tâches domestiques reste très sexuée et que l'inertie culturelle en la matière génère une source réelle d'inégalités. Les progrès sont lents [2] et les dernières estimations montrent que 80 % des tâches domestiques les plus ordinaires [3] sont assurées par les femmes en France, même si ce type d'inégalité y est beaucoup plus flagrante qu'en Europe du Nord. En même temps, l'égalité dont on a déjà dit qu'elle n'était pas identité, ne passe pas nécessairement par le 50/50 pour toute activité, mais en l'occurrence il y a de la marge.

Il faut redire à nouveau que cette attention sourcilleuse et légitime aux moindres inégalités entre les sexes repose sur un formidable progrès dans notre conception de l'égalité, là où elle est traditionnellement la plus facilement refoulée par des siècles d'habitus quasiment génétiques, c'est-à-dire dans la famille. Ce qui a le plus progressé en matière d'égalité, et à terme c'est sans doute le plus important, c'est le sentiment en profondeur de son principe, y compris dans le rapport entre les sexes. Il ne viendrait plus à l'esprit de personne d'en contester le bien-fondé aujourd'hui sans passer pour un réactionnaire attardé. La révolution de l'égalité est d'abord intérieure mais elle nourrit aussi les progrès sur le terrain de la conjugalité, quitte à déstabiliser les rapports entre les sexes et à désorienter la gente

1. Claude et Françoise Lelièvre, *Histoire de la scolarisation des filles*, Paris, Nathan, 1991. Également, Christian Baudelot, Roger Establet, *Allez les filles*, Paris, Le Seuil, 1992.

2. Entre 1986 et 1999, le temps domestique quotidien d'un homme actif a augmenté de huit minutes, celui d'une femme active a diminué d'une minute... Enquête *Emploi du temps 1986-1999*, INSEE.

3. Par ordinaires, il faut entendre le noyau dur des travaux domestiques : cuisine, vaisselle, ménage, linge, soin aux enfants...

masculine qui à son tour réclame une plus grande égalité dans le rapport aux enfants et notamment, en cas de divorce, pour la garde parentale qui reste à 80 % attribuée à la mère.

Cette égalité est aussi bien revendiquée par les enfants, au nom de leur droit à l'individualité, mais aussi en raison de l'intériorisation de son principe. D'un côté les enfants sont mieux informés, plus vite autonomes et, dans bien des domaines, en savent plus que leurs parents. On sait, et les publicitaires mieux encore, qu'ils sont « prescripteurs » en matière de consommation, de l'alimentation aux vêtements en passant par les nouvelles technologies. Les enfants ont souvent eu un téléphone portable avant leurs parents et sont nés avec l'ordinateur. Ce sont clairement des leaders sur de nombreux marchés où la relation d'éducation avec les parents est de fait inversée. Dans de nombreuses familles, parents et enfants négocient et s'accordent sur une charte de leurs droits et devoirs respectifs, révisables périodiquement, par laquelle ils affichent leurs statuts d'associés à part entière d'une même équipe. Comme le confirme la sociologue Dominique Pasquier[1] : « Au cours des entretiens avec les 6-17 ans, j'ai été frappée par la capacité des enfants à tout négocier. Cela leur permet de détourner les règles. Ils savent très bien le faire en jouant le père contre la mère, ou les parents contre les grands-parents... Ce qui est nouveau, c'est que les règles parentales sont, dans les faits, négociables. » Cette tendance est accentuée dans le cas de plus en plus fréquent des familles recomposées. Là, les enfants disposent d'un véritable *réseau* parental qu'ils utilisent comme autant de ressources dans une association où l'on choisit son interlocuteur en fonction de la demande du moment, et où il est facile de faire monter les enchères.

1. « Trois questions à Dominique Pasquier », *Le Monde*, 27 mars 1999.

LA DÉMOCRATIE EN DIRECT ?

Plus d'individualité, plus d'autonomie, plus de liberté et d'égalité, et au total des échanges mieux équilibrés, le lien familial tend ainsi vers le lien d'association, c'est-à-dire vers un modèle plus authentiquement démocratique. Tous les observateurs attestent de ce processus de démocratisation de la vie privée qui fait de la famille une sorte de « petite démocratie ». Ces évolutions de la famille font écho à la déclaration en forme de vœu de l'ONU, lors de l'année internationale de la famille en 1994, propulsant la famille au rang de « plus petite démocratie au cœur de la société ». Participation, discussion, négociation, décision, contractualisation éventuelle, mais aussi droit de révision et de résiliation : idéalement la famille pourrait effectivement dessiner un vrai modèle de démocratie, c'est-à-dire de démocratie *permanente* et *directe*. Il faut bien sûr se garder de toute vision idyllique et moduler le propos selon les ressources sociales, culturelles et même financières des familles. Les pesanteurs demeurent et il faut un bon capital personnel et social pour vivre la famille association. Il n'empêche que la tendance vers une démocratisation des liens sociaux à la base, que certains assimilent au procès de modernisation [1] ou de civilisation [2], est manifeste. Une telle évolution en profondeur du lien social vers l'individu relationnel et la famille association ne peut être sans conséquences sur la société tout entière, dans l'ordre social, économique et politique. C'est une révolution qui nous vient par le « bas » sous la forme de l'association primaire, dont la famille est aujourd'hui un acteur inattendu mais d'autant

1. Anthony Giddens, *The Transformation of Intimacy. Sexuality, Love and Eroticism in Modern Societies*, Cambridge, Polity Press, 1992.

2. Norbert Élias, *La Civilisation des mœurs*, Paris, Calmann-Lévy, 1973.

plus remarquable. Et c'est ce mode de relation qui tend à imprégner l'ensemble des rapports sociaux.

LES AMIS DE LA FAMILLE SONT LA FAMILLE

Le rapprochement entre famille et association ne tient pas seulement à la nature du lien à l'intérieur de la cellule familiale, mais à l'élargissement de notre conception de la famille, à commencer par les liens entre ascendants et descendants. Avec l'allongement de l'espérance de vie, une famille comporte désormais trois ou quatre générations qui, sans cohabiter, continuent à entretenir de nombreuses relations. Si les relations familiales sont moins étendues « horizontalement » qu'autrefois, elles vont bien au-delà de la famille nucléaire et prennent appui « verticalement » sur un noyau familial élargi à plusieurs générations et tout particulièrement sur la génération intermédiaire ou « pivot[1] ». Avec la crise, les relations d'entraide, fondées sur une économie du don et de la réciprocité caractéristique de l'association, ont connu un nouveau développement, rompant avec le stéréotype de la famille repliée sur le couple et les enfants, isolée du monde extérieur. Il faut rappeler que ces échanges intrafamiliaux autour d'une économie domestique élargie sont loin d'être négligeables puisqu'ils représentent entre 50 et 70 % du PIB[2]. L'association n'est pas qu'un lien, elle « réalise » aussi une économie à part entière dont la famille est l'acteur central.

On constate également que les divorces, les remariages et les recompositions familiales qui s'ensuivent, forment de nouveaux univers ou « constellations familiales » où les liens de parenté et de sang sont moins évidents, voire inexistants. Ces « nouvelles » familles ne se considèrent pas pour

1. Claudine Attias-Donfut, « Les Solidarités entre générations », *Données sociales*, INSEE, 1996.
2. PIB : Produit intérieur brut.

autant comme des familles à part et les liens qui unissent des demi-frères ou demi-sœurs ne sont en général pas conçus différemment que d'authentiques liens fraternels [1]. Comme le dit une adepte des grandes réunions familiales : « La famille pour moi se décline vraiment au pluriel. On est tous comme ça dans la famille, à tel point que la moindre réunion rassemble une trentaine de personnes. Et lorsqu'il en manque un, on le ressent tout de suite. Ce n'est pas le fait de partager le même sang qui fait la famille chez nous mais l'envie d'être ensemble. » Ainsi se recréent, au hasard des unions, désunions et ré-unions de nouveaux *réseaux* familiaux élargis. Ce n'est pas pour autant le retour des familles communautaires d'antan, car ces réseaux n'ont pas forcément de centre, de patriarche ou de hiérarchie et peuvent être très sélectifs à l'égard de la parenté et très ouverts à ceux que n'unit aucun lien de sang, ni même une très lointaine parenté, mais qui étant « les amis de la famille » deviennent de fait la famille elle-même. La famille est moins une parenté que l'idée que l'on s'en fait. Si la famille se fait réseau aux multiples ramifications, et si la logique de ces ramifications est moins la parenté que l'affinité ou la proximité, la famille association n'est alors plus seulement une image mais la réalité psychosociologique d'une famille de plus en plus définie par des liens subjectifs et volontaires.

FAMILLE ASSOCIATION ET ASSOCIATIONS FAMILIALES

Enfin, la famille association est de plus en plus proche des véritables associations familiales qui influencent les relations familiales et tendent à leur imprimer un mode de gestion et de fonctionnement similaire. L'environnement direct de la famille est peuplé d'associations... familiales. De la halte-garderie à la crèche parentale en passant par les points

1. Christiane Ginsberg-Carré, « La fratrie dans la famille recomposée », Odile Bourguigon éd., *Le Fraternel*, Paris, Dunod, 1999.

de rencontre, maisons de quartier ou encore les puissantes associations de parents d'élèves, ces associations sont des interlocuteurs permanents des familles, des médiateurs par rapport aux pouvoirs publics et, c'est ici ce qui nous intéresse, des médiateurs de et dans la famille elle-même. Crise, déliaison sociale, fragilisation des liens familiaux, socialisation précoce des enfants, ont contribué à renforcer leurs actions et leur présence auprès des familles. En France, elles sont regroupées dans différents mouvements comme la Confédération syndicale de familles, les Associations populaires familiales et bien d'autres qui, pour la plupart, font partie de l'Union nationale des associations familiales (UNAF) fédérant à elle seule plus de 8 500 associations représentant 1 700 000 parents et 3 millions d'enfants. Dans bien des cas les associations se forment à partir de micro-initiatives locales lancées par quelques familles. Ainsi, l'association « Cabri » à Toulouse est-elle très directement issue de mères de famille qui se rencontraient régulièrement dans un jardin public et qui ont mis en place une structure d'accueil gérée directement par les familles qui mutualisent leurs ressources. On y trouve des activités culturelles et éducatives pour les enfants mais aussi une véritable « école des parents », lieu d'information, d'échanges et de consultation de psychologues, etc.

Ce sont donc les familles association qui créent des associations familiales, lesquelles sont au fond des associations d'associations et diffusent de proche en proche un mode de relations sociales et de lien social. Mais en retour, les associations familiales aident les familles en difficulté à surmonter le traumatisme de la séparation, à sauvegarder l'intégrité de l'enfant, à favoriser l'alternance de sa garde, à maintenir une famille parentale au-delà de la dissolution de la famille conjugale [1]. Des lieux d'hébergement, type « Mai-

1. Benoît Bastard, Laura Cardia-Vonèche, Bernard Eme, Gérard Neyrand, *Reconstruire les liens familiaux*, Paris, Syros, 1996.

son verte[1] », permettent de réapprendre à dialoguer, à retrouver le respect de l'autre et de son autonomie, à restaurer une certaine ambiance familiale, bref à conserver une certaine forme d'association même quand les liens affectifs ont disparu. On assiste alors à une sorte d'interpénétration entre association familiale et familles association, car ce sont souvent les mêmes qui les composent avec le soutien des travailleurs sociaux, ce qui permet de préserver l'essentiel du point de vue de l'éducation de l'enfant et de son équilibre affectif. Au fond, une grande part du rôle des associations familiales consiste à injecter les valeurs de l'association dont elles sont naturellement porteuses dans les familles qui ne les ont jamais connues, ou dans celles qui les ont perdues, et à leur servir de centre de ressources commun. En ce sens, elles favorisent l'accession des familles les plus démunies au modèle de la famille association et stimulent la démocratisation de la vie privée sans laquelle le processus authentiquement démocratique, sans enracinement dans la profondeur du lien social, reste superficiel et illusoire.

UNE ASSOCIATION COMME UNE AUTRE ?

Que le lien familial prenne la forme du lien social d'association ne signifie pas nécessairement que la famille soit une association comme une autre. La famille possède des traits qui semblent bien lui être propres. La relation affective et *a fortiori* amoureuse n'est pas un « objet » comme un autre autour duquel on s'associe. La relation affective dans la famille forme un « tout » difficilement divisible qui englobe tous les « objets » de la vie ordinaire et imaginaire. On aime à croire que l'on y partage « tout » ou plutôt que tout peut s'y partager, et que chacun peut s'y révéler tel qu'en lui-même, en toute confiance, même si cela

1. *Ibid.*

reste bien souvent de l'ordre du vœu. La famille est censée représenter aussi le lieu de la mixité par excellence et celui des relations sexuelles durables. Enfin, la représentation usuelle de la famille la caractérise généralement par des liens de filiation et de consanguinité. Pour de nombreux spécialistes de la famille, face à l'instabilité du couple, l'enfant est même devenu ce qui ultimement fonde la famille, ce qui lui assigne des obligations particulières et lui donne une certaine permanence.

Mais en même temps, comment ne pas sentir la fragilité croissante de ces caractères types censés incarner la permanence des fonctions *vitales* de la famille à travers l'Histoire ? Si la famille est moins un objet, une institution qu'une relation, toutes les études ont depuis longtemps montré que c'est également le cas dans l'association. On s'associe en général pour s'associer. C'est justement la totalité de l'individu avec ses affects et sa reconnaissance comme personne qui se joue dans l'association. La famille n'a pas le monopole de l'affectif ni de la relation de confiance.

La même représentation de la singularité de la famille s'est aussi construite spécifiquement sur la relation homme-femme et sur l'hétérosexualité. Outre que ces relations débordent du cadre familial, la tolérance à l'égard des couples homosexuels a beaucoup progressé au cours des deux dernières décennies[1]. L'adoption du Pacs signe leur reconnaissance officielle et leur légitimité. Par cette reconnaissance, le Pacs, en dépit de toutes les dénégations plus ou moins hypocrites, conduit *de facto* à accepter l'idée d'une famille homoparentale, c'est-à-dire de parents du même sexe[2], dont rien ne démontre jusqu'ici qu'ils ne pourraient

1. En 1997, 55 % des Français estimaient que l'homosexualité constitue une manière acceptable de vivre sa sexualité contre 41 % en 1984 et 24 % seulement en 1973. Sondage Sofres 1997.

2. L'interdiction de l'adoption par des couples homosexuels pacsés n'interdisant évidemment pas la filiation naturelle.

exercer leur rôle de parents comme d'autres. Il faut se souvenir que lors des débats sur le Pacs, emporté par une logique de pure association, on a proposé que des frères et sœurs ou des individus ayant une quelconque parenté puissent y souscrire, bref que la sexualité ne soit plus un critère d'une forme d'alliance familiale. Mieux, et là on était vraiment dans le registre de l'association ou de la grande famille association, on a même fait valoir qu'aucune raison « substantielle » ne s'opposait à ce qu'un Pacs puisse être signé et *associer* plusieurs personnes...

Enfin, la filiation, souvent présentée comme le dernier noyau dur constitutif de la famille, n'est plus un passage obligé, génétiquement parlant. Par-delà l'adoption toujours difficile, procréation artificielle, banque de sperme et bientôt utérus artificiel, tous ces immenses progrès de la génétique et des biotechnologies ont pour résultat paradoxal de permettre de « débiologiser » la famille. De même que grâce à la pilule on a pu vraiment dissocier la sexualité de la procréation, la filiation parentale peut être plus aisément déconnectée de la procréation. La parenté devient plurielle. Parenté (naturelle) et « parentalité » affective et sociale du parent éducateur ne se recouvrent plus nécessairement comme c'est déjà le cas dans les familles recomposées. Même si cela reste encore statistiquement marginal, la famille « naturelle » est de moins en moins la seule famille possible et dans ces conditions, les enfants auront de plus en plus de parents qui ne seront ni plus ni moins « vrais » les uns que les autres.

LE PLUS SÛR CHEMIN VERS L'ASSOCIATION

Si l'hétérosexualité et la filiation ne forment plus une représentation incontournable de la cellule familiale, ce sont ses derniers caractères objectifs et « naturels » qui s'effacent. La famille n'est décidément même plus une communauté au sens de la réunion de caractères objectifs communs que l'on croyait donnés pour toujours. Elle n'est plus que l'idée que l'on s'en fait, le résultat d'affinités électives et d'un accord intersubjectif que plus rien ne spécifie *a priori*. Accord qui n'implique pas plus le contrat qui peut néanmoins en être une conséquence, mais n'est plus constitutif du fait familial. La famille devient avant tout une association à géométrie variable, association parmi d'autres associations à laquelle on donne une valeur toute particulière. De ce point de vue, comme le laisse entendre le langage courant, la « vraie » famille n'est plus forcément la famille naturelle. Cette « deuxième » famille qui est souvent la première peut être une autre association de son choix, celle à laquelle on manifeste un attachement tout particulier. Contrairement à l'adage, on ne choisit plus seulement ses amis mais aussi sa famille car ils tendent désormais à se confondre.

Si la famille association par la diversité de ses configurations tend à banaliser la singularité du fait familial au profit de la forme générique de l'association [1], cela suppose que chacun ait un large accès à une diversité de liens sociaux (l'individu relationnel) pour compenser cette désacralisation de la famille, sa fragilité et sa précarité. Car on ne peut ignorer que la famille conserve un poids symbolique unique comme le confirme régulièrement toutes les enquêtes sur les échelles de valeur [2], même si, en l'occurrence, c'est bien la famille comme valeur et l'idée que chacun s'en fait qui sont plébiscitées et non un cadre familial particulier. Et qu'elle est aussi un lieu de sécurisation

1. Au point qu'il serait sans doute plus juste de parler d'*association familiale* si cela ne prêtait à confusion.

2. La famille est considérée comme la plus importante des valeurs par 96 % des Européens (« Les Européens et la famille », *Eurobaromètre*, Bruxelles, 1993). Dans les derniers sondages « grand public », « l'amour » occuperait la première place plus souvent que la famille...

affective et d'inconditionnalité fragilisé par des relations de plus en plus électives[1]. Autrement dit, l'essor de la famille association sera d'autant plus satisfaisant que toutes les formes d'association se développeront simultanément, offrant ainsi un milieu favorable, des liens de complémentarité ou de substitution un peu comme des familles de « rechange ».

À défaut de percevoir la permanence de ce qui définit la famille, il faut se concentrer sur ce qui la change et sur le sens que révèle ce changement. On croyait la famille du côté de la tradition, de la stabilité, assurant la permanence d'une structure sociale de base, elle apparaît sous bien des aspects à la pointe de la transformation du lien social[2]. Elle dessine, à travers le lien anthropologique fondamental qu'elle constitue et reconstitue sous des formes de plus en plus diversifiées, le chemin qui va vers l'association dans une société qui se croit encore régie par le contrat.

1. Didier Le Gall, « La famille contemporaine moins institutionnelle et plus relationnelle », *Communication au colloque de la FNARS*, décembre 1999.

2. Cela explique l'intérêt relativement récent et désormais croissant des sciences sociales pour la famille.

Chapitre VI

LE MOUVEMENT VERS L'ASSOCIATION

La recomposition en profondeur du lien social autour de l'association et de ses valeurs déborde largement le cadre informel des relations interpersonnelles et de la sphère privée. Le lien d'association tend logiquement à se diffuser et à imprégner progressivement l'ensemble des relations sociales. À côté des liens communautaires et contractuels, mais aussi contre eux, le lien d'association se diffuse progressivement de la base au sommet. Sinon, comment comprendre le formidable engouement autour *des* associations et du mouvement associatif, sans justement le rapporter aux relations d'association que les individus établissent spontanément, ou cherchent à établir, entre eux et avec la société dans son ensemble ? Dans une société d'individus, c'est l'évolution des liens qui induit la transformation sociale. C'est la nature du lien qui suscite sa propre organisation, et tout naturellement le lien d'association conduit au développement de la forme et des organisations associatives.

Le phénomène est mondial quoique inégal entre pays européens par exemple. Depuis quelques années, il est devenu beaucoup plus visible, notamment dans la presse internationale, qui consacre articles et dossiers à ce qu'il est convenu d'appeler le « boom associatif[1] ». Peu à peu, la presse et l'opinion prennent conscience de cette force montante qui fait de plus en plus souvent l'actualité, comme à Seattle lors des négociations sur l'Organisation mondiale du commerce, ou à Davos avec le mouvement contre la mondialisation financière par exemple.

La demande d'association

LE MOUVEMENT VERS L'ASSOCIATION

Prendre une mesure réelle du phénomène n'est pas facile car le mouvement associatif reste pour partie informel et échappe aux statistiques. J'ai déjà mentionné qu'en France, conformément à la loi de 1901, quantité d'associations fonctionnant « normalement » n'éprouvaient pas le besoin de se déclarer officiellement. Il est donc tout à fait réducteur et simpliste de mesurer, comme on le fait la plupart du temps, l'importance du phénomène « associatif » selon le niveau d'inscription et de participation aux seules associations déclarées. On peut manifester sa sympathie, son intérêt et son soutien à toutes sortes d'associations sans y adhérer en prenant une carte. Et il n'est pas rare de voir des « sympathisants » être plus actifs dans une association que des adhérents.

Ce qui compte aujourd'hui, c'est autant le mouvement *vers* l'association qui traduit l'évolution en profondeur du lien social, que le mouvement associatif lui-même. Ce mouvement *vers* l'association se manifeste de multiples façons.

---

1. « Le Boom des associations » (dossier dirigé par Guillaume Malaurie), *L'Européen*, n° 12, 10-16 juin 1998.

Tout d'abord par l'image très positive des associations auprès des populations. On ne dit pas assez qu'en période de crise de la représentation et des institutions, les associations sont les seules (avec le maire et l'école) à bénéficier d'une bonne cote de popularité. Face à la déconsidération du politique et de nombre d'institutions publiques, les associations sont pratiquement les seuls groupements publics à conserver la confiance des individus. Ni les Églises, ni les syndicats et encore moins les partis politiques qui composent avec les associations les principaux corps intermédiaires, ne partagent ce privilège. En dépit des dérapages [1] d'autant plus choquants qu'il s'agit d'associations caritatives et même des scandales comme celui de l'ARC, qui ont éclaboussé le monde associatif, cette confiance ne s'est jamais démentie. Aujourd'hui les associations sont d'autant plus valorisées qu'elles apparaissent comme un recours face à la dissolution des liens traditionnels et des institutions qui les représentent.

Pour quelles raisons cette image est-elle si positive [2] ? La première raison est que les associations sont justement appréciées pour l'altruisme et la qualité du lien social qui s'y déploient. La question du lien social est bien au cœur de l'association. Elle illustre à la fois le déficit du lien éprouvé dans la vie quotidienne et sa reconstitution dans le cadre associatif. C'est précisément un nouveau rapport à l'autre et aux autres que paraît incarner l'association aux yeux du public. Les autres raisons de la popularité des associations portent successivement sur « le vivier de citoyenneté », « la démocratie » et « l'idée d'avenir » qui paraissent les qualifier. On ne saurait mieux dire. Au-delà du lien social, c'est la

---

1. Voir Pierre-Patrick Kaltenbach, *Associations lucratives sans but*, Paris, Denoël, 1995, et aussi Louis Bériot, *Le Bazar de la solidarité*, Paris, Lattès, 1985.

2. Voir tout particulièrement Jean-Pierre Loisel, « Les Français et la vie associative », *Rapport CREDOC*, n° 201, juillet 1999.

nature de ce lien porteur des valeurs ultimes de la démocratie qui est plébiscitée dans les associations. Pour le public, l'association, ou tout au moins l'image qu'elle renvoie, est synonyme de vraie démocratie. Pour autant, les associations sont loin d'avoir la place et l'influence que souhaiterait le public et sont donc autant perçues comme une dynamique et un devenir, tout comme la démocratie dont elles sont porteuses.

L'ACTE PAYANT

Au-delà des déclarations d'intention, la manifestation concrète du soutien du public s'exprime d'abord par des dons. Don en argent et don en temps consacré aux associations. En 1996, selon la Fondation de France, plus de 45 % des Français auraient effectué au moins un don à des associations. Ce chiffre est en soi respectable mais inférieur à nombre de pays européens, et il est à comparer avec les 73 % d'Américains qui donnent régulièrement pour un total considérable de 144 milliards de dollars, mais qui disposent aussi d'un régime fiscal très incitatif[1]. À ce don d'argent, s'ajoutent toutes les manifestations de solidarité et dons en nature notamment lors de catastrophes humanitaires comme en Bosnie ou au Kosovo. Au plus fort de la guerre et des déportations de populations entières, on a compté plus de 130 000 appels par jour aux permanences téléphoniques pour proposer de l'argent, des biens ou des services. Selon le président de la Croix-Rouge : « Un tel niveau de mobilisation est extraordinaire, jamais on n'avait vu ça. » De même a-t-on été surpris par la mobilisation lors de la dernière marée noire. Certes, la médiatisation avec le choc des

1. Lester M. Salamon et Helmut K. Anheier, *The Emerging Sector : The Non Profit Sector in Comparative Perspective ; an Overview*, Manchester, Manchester University Press, 1996. Pour le volet français de ce panorama international, voir Édith Archambault, *Le Secteur sans but lucratif*, Paris, Economica, 1996.

images y est pour beaucoup, mais on peut y voir également une nouvelle manière d'affirmer un civisme sans frontières, de soutenir par associations interposées les causes humanitaires ou écologiques, et sans doute aussi une nouvelle façon de concevoir la politique.

On a le droit aussi de participer plus activement en donnant de son temps plus ou moins régulièrement et là encore sans être nécessairement adhérent d'une association. Ce bénévolat ou volontariat [1] est en pleine expansion contrairement aux idées reçues sur l'individualisme négatif, les égoïsmes et le désintérêt pour toute action publique. Ce sont aujourd'hui les problèmes « privés », les difficultés rencontrées par chacun, qui font la trame de l'action publique et qui suscitent des élans collectifs. Le bénévolat, qui ne se réduit pas à l'aide sociale et aux « bonnes œuvres », participe de ce vaste mouvement de reprise en main par les individus des affaires qui sont les leurs. Comme l'a justement défini Dan Ferrand-Bechmann [2], le bénévolat, c'est l'art de « s'aider soi-même en aidant les autres ». Il concernerait environ 24 % des Français, soit une augmentation de 12 % par rapport à 1993, prenant en moyenne quatre heures hebdomadaire sur leur temps pour les associations. Ce qui place néanmoins la France loin derrière les États-Unis où, en raison notamment d'une tradition séculaire et de puissants réseaux religieux, le bénévolat mobiliserait plus d'un Américain sur deux pour un temps moyen voisin du bénévole français. Cette poussée du bénévolat est pour une part liée au chômage, à la misère sociale et matérielle et à l'exclusion. En raison de l'ampleur et de la durée de la crise, chacun s'est senti plus ou moins concerné ou menacé et donc plus disposé pour des actions de solidarité. Et la par-

1. Bénédicte Halba et Michel Le Net, *Bénévolat et volontariat*, Paris, La Documentation française, 1997.

2. Dan Ferrand-Bechmann, *Bénévolat et solidarité*, Paris, Syros, 1992.

ticipation importante à ces actions de ceux qui étaient et sont encore directement touchés, en leur permettant de lutter par eux-mêmes contre la solitude et le désespoir tout en favorisant leur réinsertion, a gonflé les effectifs. Aux États-Unis, le président Clinton a su habilement exalter la tradition du bénévolat et la capacité des organisations volontaires pour lutter contre la marginalisation de populations entières d'autant moins contenue que, dans le même temps, il donnait son aval à la réduction des budgets sociaux fédéraux. Multipliant les « sommets » sur le volontariat en présence des anciens présidents et de personnalités, il a notamment déclaré [1] : « L'ère de l'État omniprésent est révolu, mais celle des grands défis ne l'est pas. Nous devons susciter un nouveau sentiment national d'obligation, un nouveau sens du devoir, une nouvelle vision du service. » Propos que l'on peut considérer comme démagogique par sa justification du désengagement de l'État fédéral, mais qui flatte la société civile et qui est bien en phase avec le développement de la sensibilité associative. À telle enseigne, que des universitaires américains y ont vu une sorte de rappel de l'esprit pionnier et collectif des origines, et même un hommage indirect à l'Amérique de Tocqueville et à l'associationnisme... L'un d'entre eux [2] propose l'explication suivante : « Clinton comme Kennedy avant lui tente de revenir à l'esprit originel : offrir une vocation publique à l'action individuelle. » C'est bien ce qu'expriment l'esprit d'association et les *volunteer organisations* américaines. Quoi qu'on pense de l'Amérique de Clinton et de Gore, cette sensibilité est très présente chez certains de leurs conseillers [3], chez des intellectuels de renom et

1. Discours de Philadelphie (Pennsylvannie), 27 avril 1997.
2. Paul Schervisch, professeur de sociologie au Boston College (*cf. Le Monde*, 30 avril 1997).
3. Par exemple, Amitai Etzioni, *The New Golden Rule*, New York, Harper & Collins, 1997.

s'adosse à un fort courant de l'opinion qui dévoile une autre facette oubliée et méconnue des États-Unis. Si l'action collective en Europe, et tout particulièrement en France, passe beaucoup plus par l'État-nation, on aurait tort d'ignorer cette forme d'intervention de la société sur elle-même qui, dotée de moyens conséquents, peut se révéler autrement efficace.

LES PREMIÈRES ORGANISATIONS AU MONDE

On peut soutenir et encourager, on peut aider et participer, on peut aussi adhérer et s'impliquer. Les comparaisons internationales sont sur ce point aléatoires, les statuts des « associations » et organisations volontaires différant d'un pays à l'autre. Toutefois, selon la dernière enquête d'envergure portant sur 22 pays [1], il semblerait que la France ait comblé son retard originel sur ce terrain et se situe en position moyenne, devancée par les pays anglo-saxons et scandinaves. Selon la Commission européenne, il y aurait au moins 100 millions de personnes dans les associations de l'Union [2]. Pour s'en tenir à la position médiane de la France, les différentes études oscillent autour de 45 % d'adhésion [3], soit 20 millions de personnes de plus de 14 ans en 1996, contre 42 % en 1983. À comparer avec les 30 % environ des années 1960 que certains nostalgiques évoquent pourtant comme l'âge d'or de la vie associative, où s'est produit, il est vrai, un décollage qui s'est poursuivi

1. Le programme Johns Hopkins a défini cinq critères pour son étude comparative sur le secteur sans but lucratif. Les organisations doivent être institutionnalisées, privées, indépendantes, ne pas distribuer de profits et comporter un certain niveau de participation volontaire. Ce qui excède le seul champ des associations en France (*cf.* Édith Archambault, *Le Secteur sans but lucratif*, *op. cit.*).

2. Communication de la Commission européenne sur *La Promotion du rôle des associations et fondations en Europe*, 6 juin 1997.

3. Emmanuelle Crenner, « Le milieu associatif de 1983 à 1996 », *INSEE Première*, n° 542, septembre 1997.

depuis. Aujourd'hui, presque une personne sur deux adhère à une association. Mais si l'on cumule l'adhésion avec toutes les formes de participation occasionnelle ou de soutien financier aux associations, on estime alors que ce ne sont pas moins de *huit Français sur dix*[1] qui expriment, d'une manière ou d'une autre, leur intérêt pour la vie associative.

Le chiffre plus généralement retenu de la seule adhésion peut sembler tout à la fois élevé et modéré. Élevé car aucun type d'organisation ne peut évidemment rivaliser avec les associations par l'ampleur des populations concernées. L'association est d'ores et déjà la *première* forme d'organisation sociale dans de très nombreux pays, tout particulièrement dans les pays les plus avancés économiquement, puisque le nombre et la participation aux associations varient très directement selon le niveau de développement. Ce qui laisse augurer d'un essor considérable des associations dans le monde. Même les entreprises et l'univers du travail mobilisent moins de monde, si l'on songe qu'il n'y a guère plus d'un Français sur trois en activité professionnelle. Ce niveau d'adhésion aux associations peut dans le même temps apparaître modéré, voire décevant, si l'on considère que la participation formelle et publique devrait prolonger naturellement le lien social informel d'association. Dans cette optique, le mouvement associatif tarderait à concrétiser, à structurer et à donner tout son poids au mouvement *vers* l'association issu d'un lien social en plein essor.

L'OUVERTURE DU MONDE ASSOCIATIF

Les récentes évolutions enregistrées sont encore plus significatives sur le plan qualitatif de la composition socio-

1. Christophe Fourel et Jean-Pierre Loisel, « Huit Français sur dix concernés par la vie associative », *CREDOC*, n° 133, février 1999.

professionnelle des membres des associations. On sait que, traditionnellement, la participation à la vie associative touche plutôt les milieux sociaux les plus aisés et surtout les individus les plus diplômés. Or, sur la dernière décennie, on constate un certain rattrapage des publics non diplômés, même si le niveau de formation reste cependant le facteur le plus discriminant entre les individus [1]. De même, le rapport entre la participation des hommes et des femmes tend à se rééquilibrer : les femmes qui représentaient 34 % des adhésions en 1986 sont passées à 39 % en 1996. Plus grande féminisation et aussi meilleure répartition entre les âges : les associations où dominaient les adultes et les personnes âgées font désormais une plus grande place aux jeunes. La progression est même assez spectaculaire puisque chez les 15-24 ans, on passe d'une participation de 32 à 45 % sur la même période. Ajoutons enfin que cette participation est sensiblement la même en zone rurale ou en zone urbaine, dans les petites comme dans les grandes villes. Une première conclusion s'impose : le phénomène associatif se généralise à tous les milieux sociaux, à toutes les classes d'âge, à tous les territoires et traduit concrètement cette imprégnation et cette diffusion progressive d'un nouveau type de lien social autour du modèle de l'association.

L'ENGAGEMENT CONDITIONNEL

Autre évolution significative, contrairement là aussi aux idées reçues sur le « désinvestissement social », sur la passivité et sur la pure relation de consommation de services, le degré d'implication individuel dans l'association a augmenté. On y consacre plus de temps et on hésite moins à y exercer des responsabilités puisque près de la moitié des adhérents y sont très actifs [2]. Ce qui est confirmé par la pro-

1. Emmanuelle Crenner, *op. cit.*
2. *Ibid.*

gression de la multiadhésion, c'est-à-dire l'adhésion à plusieurs associations. En effet, 54 % des adhérents sont membres d'au moins deux associations, voire plus[1]. Autrement dit, plus on participe, plus on a envie de participer, ce qui donne d'autant plus de poids à l'activité associative. Une conclusion plus juste (passablement optimiste) sur la dynamique de la vie associative s'articulerait finalement mieux autour de trois grandes évolutions : extension quantitative (relative) de la participation, diversification qualitative de sa composition, implication effective de ses adhérents.

Il est donc erroné de parler de désimplication. Si persiste dans l'opinion cette idée tenace du retrait et du repli individuel, y compris vis-à-vis de la vie associative, c'est essentiellement parce que les modalités de la participation ont changé avec l'évolution du lien social[2]. On le sait, le militantisme a vécu et le dévouement à une grande cause ne fait plus recette[3]. L'image traditionnelle de la participation à la vie associative a en effet été longtemps dominée par la figure de l'*engagement*. La connotation politique du mot n'est pas fortuite car l'acte d'adhésion résultait souvent d'une proximité idéologique avec l'un des deux grands courants fondateurs et fédérateurs de la vie associative, le catholicisme social[4] d'un côté, le socialisme et la laïcité[5] de l'autre, avec une branche autonome liée au parti communiste[6]. On prenait sa « carte » et l'engagement individuel

1. Jean Pierre Loisel, *op. cit.*

2. Lionel Prouteau, « Les différentes façons d'être bénévole », *Économie et statistiques*, INSEE, n° 311, 1998.

3. Georges Hatchuel et Jean-Pierre Loisel, « La vie associative : participer mais pas militer », *Données sociales*, INSEE, 1998.

4. Dont le grand mouvement de la jeunesse ouvrière et étudiante chrétienne (JOC et JEC).

5. Dont la Ligue française de l'enseignement et de l'éducation permanente et la Fédération Léo Lagrange sont parmi les figures emblématiques.

6. Avec par exemple la FSGT (Fédération sportive et gymnique du travail).

était subordonné à un engagement collectif sur la base de croyances communes. On y faisait ses classes avant de devenir un vrai militant[1] dont le côté « petit soldat » fait rétrospectivement sourire. Au fond, les grandes fédérations associatives de l'époque de l'après-guerre étaient sans doute plus proches du modèle communautaire (charisme du chef, clôture idéologique, hiérarchie et démocratie incertaine, etc.), par réaction à la montée de l'individualisme contractualiste, que du modèle associatif. Le reflux idéologique et surtout l'avènement de ce que j'ai appelé l'individu relationnel ont modifié à la base le mode et les conditions de la participation et de l'adhésion. La participation n'est plus l'inféodation, l'engagement n'est plus l'enfermement et il n'est jamais définitif : il s'agit plus, comme on l'a justement décrit, d'un « engagement distancié[2] » ou d'un « engagement-dégagement[3] ». Ce qui n'empêche pas un véritable investissement individuel mais, précisément, sur fond de décision personnelle souvent ponctuelle et conditionnelle, liée à une action précise et n'interdisant pas d'autres engagements d'une autre nature. Dans l'ensemble, on est plus proche d'un investissement de type professionnel fondé sur l'action et la compétence auxquelles on ajouterait le partage des mêmes valeurs démocratiques, que sur celui de l'affiliation. Pour reprendre le vocabulaire politique, l'adhérent n'est plus un « godillot », en conséquence il fait moins acte d'« *adhésion* » que d'« *association* » précisément. Comme le dit une bénévole des Restos du cœur : « Aujourd'hui je suis ici, mais demain je peux très bien aller voir ailleurs, ce qui compte pour moi c'est l'action qui est possible, pas les structures qui doivent s'adapter à notre travail. Les structures, organisations, après tout c'est nous. »

1. Militant vient du latin *miles* qui signifie « le militaire ».
2. Jacques Ion, *op. cit*.
3. Michel Wieviorka, *Raison et conviction : l'engagement*, Paris, Textuel, 1998.

Sous l'influence de leur public qui a évolué et qui s'est renouvelé, les associations se dégagent de leur tropisme communautaire pour se rapprocher de leurs valeurs originales et fondatrices, celles d'une démocratie en acte et d'un rapport inédit où le collectif procède de l'individuel et non l'inverse. C'est encore une fois la pénétration du lien social d'association auprès de leur public tout particulièrement, qui pousse les associations à se rapprocher de leur idéal fondateur, à devenir de « vraies » associations en quelque sorte.

DES CONDITIONS FAVORABLES

On ne prend guère de risques à parier sur la poursuite de ce vaste mouvement vers l'associatif et sur le renforcement de toutes les modalités de participation aux organisations associatives elles-mêmes. Outre l'évolution en profondeur de la nature du lien social qui y prédispose, il y a des facteurs connus pour favoriser la participation aux associations, notamment l'élévation du niveau de formation et l'augmentation du temps libéré. On sait qu'il s'agit là de deux tendances lourdes, en partie liées, au cœur du processus de modernisation.

Du côté de la formation, par simple effet de succession des générations, le niveau ne cesse de monter, sans compter l'allongement des études et plus généralement la place centrale du savoir dans une société de plus en plus éducative. Les associations elles-mêmes s'autoalimentent à l'essor des savoirs puisque, dispensant fréquemment des formations, elles suscitent en retour de nouvelles adhésions, voire de futures vocations de formateurs.

L'augmentation du temps libéré du travail joue dans le même sens. Dans les enquêtes, le manque de temps est toujours cité comme le premier handicap à la participation aux associations. On peut n'y voir qu'un prétexte facile à invoquer, mais pas seulement. Ainsi, depuis la fin des années 1970, l'avancement de l'âge de la retraite et le recours massif aux préretraites ont coïncidé avec une participation accrue des seniors, encore dans la force de l'âge, aux associations et surtout à la création de nombre d'entre elles [1]. À l'avenir, la croissance du temps libéré déjà considérable va continuer, ne serait-ce qu'en raison d'un allongement de l'espérance de vie déjà programmé. Mais c'est sans doute moins de l'augmentation brute de temps disponible que d'une meilleure répartition des temps de la vie dont on peut attendre un surcroît de participation. Plus de temps libre et de formation tout au long de la vie sont favorables aux associations car elles participent et de l'un et de l'autre. De plus, l'interpénétration des temps sociaux crée de la porosité entre les temps de travail, de formation et de loisir, d'où l'émergence de temps intermédiaires qui brouillent les frontières fixes entre travail et non-travail. Or, l'investissement associatif peut être considéré tout à la fois comme un vrai travail, une acquisition de nouvelles compétences, mais aussi comme un temps parfaitement volontaire et choisi qui relève à ce titre d'une forme de loisir. L'association est un temps mixte par excellence, celui aussi d'une certaine réconciliation entre travail et loisir. On remarque d'ailleurs que plus augmente le temps libéré du travail, moins celui-ci est réductible au seul loisir personnel et discrétionnaire, et plus s'y ajoute le désir de se lancer dans des activités « utiles » à soi comme aux autres.

LE RETOUR DU PUBLIC

Enfin, sans être exagérément optimiste, on peut penser que le besoin de participation sociale, collective et citoyenne, auquel ne répondent plus ni le religieux, ni le syndical, ni le politique, trouvera dans l'association, et

1. Marc Freedman, *Prime Time. How Baby Boomers Will Revolutionize Retirement and Transform America*, New York, Public Affairs, 2000.

mieux encore dans l'associationnisme, une voie naturelle à son expression. Et qu'après la période de désillusion et de désengagement (celle de l'individu solitaire), on assistera, comme c'est déjà le cas, à un renouveau de la vie publique à partir de questions « privées » portées par les individus eux-mêmes. Ce serait là une bonne illustration de la thèse de cycles sociaux alternant des périodes de retrait (*exit* [1]) du public, de repli sur les intérêts privés, et des périodes d'expression où les individus font à nouveau entendre leurs voix (*voice*). C'est tout au moins la thèse séduisante d'Albert O. Hirschmann : « Le changement intervenu entre les années 1950 et les années 1960, puis entre celles-ci et les années 1970, tout comme d'autres alternances semblables apparues par le passé, soulève la question de savoir si nos sociétés ne seraient pas de quelque façon prédisposées à de telles oscillations entre des phases d'intense préoccupation envers les affaires publiques et d'autres presque exclusivement attachées au progrès individuel, aux objectifs relevant du bien-être privé [2]. » On peut disserter à l'infini sur l'ampleur des cycles en question. Il n'empêche qu'un tel cycle conjoncturel tomberait à point à l'ouverture du nouveau millénaire, pour donner toute sa visibilité, tout son poids politique et toute sa force expressive à la recomposition du lien social autour de l'association.

CAPTER LE MOUVEMENT

D'autant que si l'on en croit les sondages qui se confirment les uns les autres, la très grande majorité de ceux qui ne participent pas ou n'adhèrent pas encore à une association souhaiterait le faire à l'avenir. À l'occasion d'un appel pour une fraternité mondiale lancée par des associations

1. Albert O. Hirschmann, *Défection et prise de parole*, Paris, Fayard, 1995.

2. Albert O. Hirschmann, *Bonheur privé, action publique*, Paris, Fayard, 1995.

comme ATD Quart Monde, un sondage révèle que 88 % du public serait disposé à donner du temps [1]. C'est particulièrement vrai des jeunes qui affichent volontiers leur soutien aux grandes causes sociales, humanitaires ou écologiques et leur désir de participation aux actions menées par les associations. Ainsi 76 % d'entre eux seraient « prêts » à faire partie d'une association contre 29 % à un syndicat et 12 % à un parti politique [2]. Il est du reste symptomatique que, depuis une vingtaine d'années, les étudiants délaissent les syndicats mais investissent de plus en plus les associations, qu'elles soient directement tournées vers le monde étudiant ou non. Comme leurs aînés, la nature du lien social associatif et la participation à une cause d'intérêt général font partie de leurs principales motivations, mais il faut y ajouter la mise en valeur d'un *curriculum vitae* où les références à des responsabilités associatives sont aujourd'hui particulièrement appréciées des employeurs. D'autres études, auprès de toutes les catégories de jeunes, confirment cette sensibilité aux thèmes de la solidarité et leur volonté de s'impliquer. Par exemple, un sondage indique qu'ils sont 57 % à estimer qu'il vaut mieux « s'engager au service des autres » que « gagner beaucoup d'argent » (41 % [3]), pour « vivre heureux »...

Il y a certes loin de la déclaration d'intention au passage à l'acte, mais tout semble prouver qu'il y a encore un riche vivier qui pourrait rejoindre et renforcer le potentiel des associations. La transformation des intentions en actions dépend pour une bonne part des associations elles-mêmes. Il faudra en effet s'interroger sur le décalage entre l'image hyperpositive des associations et une participation qui reste en deçà de

1. Sondage Ipsos, juin 1999.
2. Sondage Sofres/FSU auprès de jeunes de 15 à 24 ans, novembre 1999.
3. Sondage Sofres/*Le Pèlerin magazine* (mêmes catégories d'âge), août 1997.

cette image, entre le très fort mouvement vers l'association et un mouvement associatif qui tarde à le capitaliser, entre des attentes de participation, de renforcement des liens, de démocratie réelle qui n'ont jamais été aussi vives, et des réponses qui ont du mal à se situer à la hauteur de l'enjeu. Bref, toute la question est de savoir si les associations et le mouvement associatif pris globalement sont actuellement prêts à donner corps, structures et voix (*voice*) au lien social d'association qui les place progressivement en position centrale sur la plupart des sujets dits de société.

Quels acteurs sociaux ?

L'EMPRISE GRANDISSANTE DES ASSOCIATIONS

À première vue, le mouvement semble engagé. Apparemment la vitalité associative se retrouve dans la création des nouvelles associations qui se déclarent tous les jours. Le rythme de ces créations en France s'est beaucoup accéléré [1] puisqu'il est passé de 20 000 nouvelles associations par an avant les années 1970 pour atteindre plus de 60 000 à la fin des années 1990, soit plus de 160 nouvelles associations chaque jour ! La plupart des pays européens enregistrent une semblable impulsion : le nombre d'associations a triplé en Allemagne et la Suède fait état d'une densité d'associations sans précédent [2]. Au total, on compterait aujourd'hui entre 750 000 et 800 000 associations (déclarées) en activité en France.

---

1. « Les associations et la loi de 1901, cent ans après », Conseil d'État, *Rapport public*, 2000.
2. Lester M. Salamon, Helmut K. Anheier, « The Civil Society Sector : A New Global Force », *Society*, vol. 34, mai 1997 et « Une seule solution, l'association ? » *Revue du Mauss*, n° 11, 1er semestre 1998.

La constitution d'une telle force sociale résulte de l'accumulation de couches successives [1] qui sont autant d'étapes dont l'histoire reste encore largement à faire [2]. Au début du XXe siècle, le monde associatif est dominé par ce qui restera son image de marque, le secours populaire [3], l'action caritative, les « bonnes œuvres », les hospices et hôpitaux, dans la droite ligne de la tradition de la charité publique. Dans un deuxième temps, avec 1936 et la naissance du loisir moderne, ce sont les grandes fédérations d'éducation populaire qui, autour de la notion de culture populaire et de la gestion d'équipements socio-culturels, prennent leur essor. Ces grands mouvements se poursuivent après-guerre et s'enrichissent d'associations d'usagers, du développement des associations de parents d'élèves, d'associations de consommateurs, etc. Plus récemment, ce sont les thèmes de l'exclusion, des droits individuels, de l'écologie, de l'humanitaire et de la solidarité internationale qui vont compléter la panoplie déjà riche des champs d'intervention des associations. Pour se donner un ordre de grandeur, dans un pays comme la France, les associations sportives, culturelles et de loisirs représentent 47,5 % des associations et l'action sanitaire et sociale 26 %. Ces chiffres s'inversent si on les compare selon l'importance de la professionnalisation et de l'emploi créé : le secteur sanitaire et social (40 % [4]) devance alors l'éducation et la recherche

1. Bruno Rebelle, Fabienne Swiatly, *Libres associations* (en particulier chap. 3, « Le grand boom associatif 1901-1998 »), Paris, Desclée de Brouwer, 1999.

2. Geneviève Poujol, *Éducation populaire : histoires et pouvoirs*, Paris, Éditions ouvrières, 1981. Voir aussi la collection des *Cahiers de l'animation* pour la période récente.

3. *Le secours populaire* est aujourd'hui une puissante association réunissant quelques 70 450 animateurs-collecteurs bénévoles pour un travail évalué autour de 443 millions de francs et récoltant des dons de l'ordre de 543 millions de francs (budget 1997).

4. Pour donner une idée de cette importance, près de 60 % des travailleurs sociaux sont employés par l'intermédiaire d'associations.

(29 %) comme la culture, les sports et autres activités récréatives (14 %[1]). Le cas français n'est pas singulier. Dans la plupart des pays développés, la santé et les services sociaux d'un côté, l'éducation et la recherche de l'autre, accaparent le plus gros des ressources des associations.

LE RÉFLEXE DE L'ASSOCIATION

Mais au-delà de cette incontestable dynamique, des ordres de grandeur et des comparaisons toujours aléatoires, deux éléments me semblent plus particulièrement caractériser l'évolution actuelle des associations en France, et plus généralement, en Europe. D'abord, l'élargissement du champ d'action des associations est tel que plus rien ne leur échappe dans le domaine social. On ne peut plus aujourd'hui identifier le secteur associatif à un secteur particulier. En conséquence, l'association est moins un secteur dont on pourrait définir et qualifier le périmètre, qu'un mode spécifique d'intervention social qui mobilise les intéressés au nom d'une certaine conception du lien social et de son économie, dans tous les domaines de la vie sociale. On se doute que des catégories aussi générales que la santé, l'action sociale, la formation et la culture ou le sport ne laissent guère d'activités sociales hors de la portée des associations. De plus, dans la plupart de ces grands domaines, les associations occupent souvent une place prépondérante (en incluant le bénévolat et toute cette économie de la gratuité autour de la socialisation) par rapport aux services publics ou aux services marchands. Le Conseil d'État lui-même, que l'on ne peut soupçonner de complaisance à l'égard des associations, en dresse un constat sans réserve : « Le champ d'intervention du monde associatif a connu une telle extension qu'aucun pan de la vie en société ne lui échappe

1. Délégation interministérielle à l'innovation sociale et à l'économie sociale (DIES, 1999).

aujourd'hui : à maints égards, le domaine associatif est aujourd'hui si large qu'il tend à s'approcher de celui, universel, de l'État[1]. »

Ensuite, l'association est effectivement entrée dans les mœurs. Elle est presque devenue un réflexe naturel d'auto-organisation quel qu'en soit l'objet, une première solution pour répondre à des problèmes de tous ordres. « Tiens, et si on faisait une *assoce* ? » frise la banalité. On crée une association de résidents pour lutter contre le bruit, pour défendre un quartier ou un bâtiment qui ont une valeur historique, pour défendre les usagers des transports en commun, pour faire valoir les droits des contribuables, pour lutter contre la maltraitance des enfants, pour défendre les droits des pères, pour lutter contre toutes sortes de maladies et de handicaps, etc. Mais on s'associe tout autant pour partager une passion, pour exercer une activité sportive, pour partager des savoirs, pour diffuser des recherches et de nouvelles idées ou pour tester une activité économique, un futur marché et préparer le terrain à une entreprise... Créer une association devient bien une sorte d'acte réflexe. Au-delà des grandes fédérations et des divers mouvements qui s'imposent de plus en plus souvent dans l'actualité, il ne faut pas oublier ces myriades de petites associations locales qui disparaissent parfois aussi vite qu'elles sont venues, pour renaître ailleurs ou sous d'autres visages, mais qui sont les vrais piliers et animateurs de la vie sociale[2]. D'une forme particulière d'organisation sociale, longtemps considérée comme marginale, l'association tend ainsi progressivement à devenir *la* forme la plus évidente de l'organisation sociale, tout simplement parce qu'elle correspond le mieux à la forme vécue et vivante du lien social de base.

1. « Les associations et la loi de 1901, cent ans après », *op. cit.*

2. Pour un recueil d'initiatives associatives tout terrain : Emmanuel Moreau, *Mieux vivre ensemble. Pour resserrer les liens sociaux*, Paris, Balland/Jacob-Duvernet, 2000.

LA VIE DE QUARTIER

La présence des associations au quotidien, dans pratiquement tous les compartiments de la vie sociale, trouve aujourd'hui une bonne illustration avec les régies de quartier[1], dont l'origine remonte à la mythique expérience de l'Alma-gare à Roubaix, à la fin des années 1970. Une régie de quartier est une association regroupant en partenariat des collectivités locales, des logeurs sociaux, les habitants d'un quartier et leurs associations. Il existe plus de 130 régies en France et elles ont essaimé dans d'autres pays européens comme les Pays-Bas, la Belgique ou l'Italie et qui entretiennent de nombreux contacts internationaux (élaboration de manifestes, échanges d'expériences, etc.). Au départ, la mission des régies de quartier est fonctionnelle et pratique : entretenir et embellir le quartier, rendre attrayants les espaces collectifs, maintenir la propreté, favoriser les rénovations, etc. Rapidement, c'est toute une vie locale qui va s'agréger autour d'activités associatives de plus en plus nombreuses et souvent innovantes, décidées et conduites par les habitants eux-mêmes. C'est, par exemple, la mise en place très réussie de « correspondants de nuit » qui sont à l'écoute des habitants, veillent à leur tranquillité et au calme. Un soir, il s'agit d'éteindre un feu qui a pris dans une poubelle avant l'intervention des pompiers, un autre, d'intervenir auprès d'un résident qui fait trop de bruit, ou encore d'aider un étudiant qui n'arrive pas à installer sa chaîne hi-fi. Comme le dit l'un de ces correspondants : « Parfois, un habitant nous appelle juste parce qu'il a besoin de quelqu'un à qui parler. » C'est aussi la création d'une banque alimentaire à Saint-Dié ; de jardins familiaux avec lieu de rencontre, banque d'outils, parcelle pour les enfants,

1. *Les Régies de quartier, expérience et développements*, Paris, Plan urbain-La Documentation française, 1994.

conseils de jardiniers professionnels, à Clichy-sous-Bois ; de la réalisation d'un journal pour le quartier à Romans ou encore de la mise en scène d'un film dont les habitants sont évidemment les acteurs, à Mâcon. La liste est longue et jamais close, elle permet en outre d'échanger les expériences, de comprendre pourquoi *ça* marche ou pas [1]. Bref, il s'agit de recréer une vraie vie de quartier, non plus sur les bases communautaires d'antan qui ont d'ailleurs disparu, mais sur les bases du lien social d'association. « De retisser des liens sociaux sur le quartier, d'y créer des formes d'activité inédites et d'y inventer de nouveaux modes de démocratie », selon la déclaration du Comité national de liaison des régies de quartier. Tout un programme de nouvelle « gouvernance urbaine » sur une base associative, comme le dit son président actuel, un programme qui fait du lien social le véritable enjeu politique.

DU MOUVEMENT ASSOCIATIF AU MOUVEMENT SOCIAL

Au centre de l'animation de la vie sociale, les associations se sont plus récemment manifestées comme une force (la seule ?) d'expression sociale majeure de la société, de la société dite civile. Bien des observateurs ont paru découvrir, notamment à l'occasion des grandes grèves de décembre 1995 [2], l'importance des associations autour du mouvement des chômeurs et plus largement des grands mouvements pour les droits sociaux (Droit au logement, Droits devant !, droit des sans, droit des minorités, SOS racisme, etc.). Il est vrai que ces mouvements ont adopté spontanément la forme associative (comité de liaison ou coordinations),

---

1. Le Comité national de liaison des régies de quartier diffuse un journal trimestriel *Info-réseau* et a publié Marc Hatzfeld, *Le Topo-guide des régies de quartier*, Paris, Desclée de Brouwer, 1998.

2. Sophie Béroud, René Mouriaux (sous la dir.), *Le Souffle de décembre*, Paris, Syllepse, 1997, et Alain Caillé, Jean-Pierre Le Goff, *Le Tournant de décembre*, Paris, La Découverte, 1996.

qu'ils aient été pour l'essentiel composés à la base d'associations qu'ils regroupaient, ou que la forme associative se soit naturellement imposée là où on ne l'attendait pas (mouvement des chômeurs et des précaires, mouvements étudiants, coordinations lycéennes ou des infirmières, etc.). De ce point de vue, il est remarquable que même l'Église, que l'on a connu plus prudente sur le sujet, se soit très officiellement prononcée en faveur du recours aux associations pour lutter contre les méfaits du libéralisme et de la mondialisation[1]. Et qu'elle ait plaidé pour un engagement citoyen et pour la constitution d'un vaste mouvement des associations en ces termes : « Il est pleinement conforme à la nature de l'homme que l'on trouve des structures juridico-politiques qui offrent sans cesse davantage à tous les citoyens, sans aucune discrimination, la possibilité effective de prendre librement et activement part à la gestion des affaires publiques. »

Le plus surprenant n'est peut-être pas que les divers acteurs sociaux aient pris la forme de l'association pour s'organiser et s'exprimer, même si cela n'est évidemment pas indifférent, cela confirme seulement, à un niveau plus formel, la diffusion du lien social d'association. La fonction d'expression sociale est une fonction majeure des associations qui sont là pleinement dans leur rôle. Le plus étonnant a été surtout l'ampleur prise par ces mouvements sociaux associatifs. Ils ont dépassé leurs adhérents et militants, ceux qui pouvaient à un titre ou à un autre s'estimer concernés par le chômage, les « dégâts du progrès », ou la défense de minorités, pour interpeller et résonner avec une très grande partie de la population qui s'est sentie naturellement en phase avec ces mouvements. Il ne s'agissait alors plus seulement d'associations, mais de tout un mouvement de la

1. *Maîtriser la mondialisation* et *Réhabiliter la politique*, Documents d'Église, Paris, Bayard Éditions, 1999.

société elle-même qui avait trouvé dans les associations de nouveaux porte-parole[1] plutôt que des représentants.

RUPTURE DE CONTRAT

Pourquoi une telle mobilisation autour d'associations ? Sur le fond, il y a deux raisons complémentaires. À commencer par le quasi-effacement des acteurs sociaux traditionnels du débat public, si l'on excepte les médias. Les pouvoirs publics et le milieu politique dans sa grande majorité, en dégageant leurs responsabilités au nom de la mondialisation et des « lois » réputées incontournables du libéralisme, se sont d'eux-mêmes disqualifiés en renonçant à leur propre rôle d'acteurs politiques, au profit de la gestion de l'entreprise France ou Europe. Plus profondément, c'est l'idée même du contrat qui a été triplement rompue. Tout d'abord celle du contrat social de la modernité, celle du travail support du sens, du progrès général, du rapprochement des conditions. On ne dira jamais assez comment la mutation du travail a servi de révélateur à la prise de conscience d'un basculement du monde, où se rejouent à travers le chômage et la précarité, l'écologie, les droits de l'homme et la démocratie, les grandes questions refoulées de la fin des années 1960. Pour le dire très simplement, personne n'a pu ni ne peut comprendre comment une société qui ne cessait de progresser économiquement pouvait à ce point régresser socialement. L'évolution sociologique profonde et continue vers les valeurs de la démocratie et de l'association s'est heurtée à une évolution économique et à la gestion politique qui en a été faite, en parfaite opposition avec ce mouvement et les valeurs dont il est porteur. Les mouvements sociaux sont les convulsions issues de ce décalage en forme

1. Lucien Karpik, « Les nouveaux porte-parole », *France : les révolutions invisibles*, sous la dir. de Pierre Rosanvallon, Paris, Calmann-Lévy, 1998.

de contradiction. Ni le politique, ni l'économique ne peuvent durablement s'imposer contre toute réalité sociologique.

Le contrat politique, celui de la confiance et de la représentation, a été à son tour emporté dans la tourmente. D'autant plus que la crise de la représentation excède de beaucoup la crise de crédibilité de la classe politique, de ses démissions et de ses turpitudes. Le suffrage universel et notre système de représentation de manière plus générale ne sont plus une garantie suffisante pour une démocratie moderne, et d'autres formes de légitimité fondées sur la participation et l'action cherchent à s'affirmer.

Enfin, la notion même de contrat pose problème. Le travail de refondation et de retour aux sources d'une démocratie authentique est tel qu'il ne suffira pas d'un nouveau contrat, sous forme de programme concocté dans quelques officines, pour convaincre les citoyens. Car la défiance est aujourd'hui plus dans la méthode et dans la manière de « faire » et de représenter la politique, que dans les promesses de lendemains qui chantent auxquels plus personne n'accorde de crédit. Le contrat est non seulement rompu mais l'idée même de contrat remise en question, si elle ne procède pas de l'association préalable, s'il ne vient pas de la profondeur de la société. C'est, à mon sens, l'un des messages forts des mouvements sociaux associatifs.

L'ENFERMEMENT SYNDICAL

Quant aux syndicats, leur capacité à être *les* partenaires sociaux par excellence, et *a fortiori* à incarner un quelconque mouvement social non réductible au mouvement ouvrier, est singulièrement émoussée. Ils souffrent en effet également d'un triple déficit. Un premier déficit, déjà évoqué, est celui de leur représentativité. Mais outre le faible niveau d'adhésion syndicale, c'est leur capacité à mobiliser au-delà de leurs rangs, pour des actions d'envergure (si l'on excepte la fonction publique), qui semble compromise. D'un côté, les syndicats sont concurrencés sur leur propre terrain par l'audience grandissante d'associations, toujours plus nombreuses, qui interviennent directement dans le milieu du travail. Je pense ici particulièrement aux associations de défense des droits individuels, comme l'« Association nationale des victimes du harcèlement psychologique au travail » et à « Mots pour maux au travail ». Ou aux associations contre les discriminations pour homosexualité (particulièrement virulentes au pays du *politically correct* [1]), ou encore pour cause de maladie grave comme le sida. D'un autre côté, pratiquement toutes les grandes manifestations sociales récentes sont parties des individus eux-mêmes et des associations et non des syndicats. Y compris celles en lisière du monde du travail et dans lesquelles les salariés se sont d'ailleurs parfaitement reconnus, comme le mouvement des chômeurs et des précaires ou toutes les luttes contre la grande pauvreté, qui auraient dû relever normalement de l'action syndicale. En prenant le « mouvement » en marche, les syndicats sont apparus plutôt comme des régulateurs d'une action sociale qui leur échappait que des initiateurs ou des catalyseurs de la protestation [2].

D'une manière générale, et c'est là un deuxième déficit, les syndicats se sont enfermés sur le seul milieu du travail [3] et ont fait preuve d'un certain corporatisme, au moment même où les questions du chômage, de l'exclusion, de la dégradation des conditions de vie, s'affirmaient comme des

1. Dans nombre de grandes entreprises américaines comme Boeing, Xerox, Ford ou American Express (etc.), fleurissent des *Lesbian and Gay Employees Association*.

2. François Dubet, Danilo Martucelli, *Dans quelle société vivons-nous ?*, Paris, Le Seuil, 1998.

3. Loin de son programme initial quand Émile Pouget, à la naissance de la CGT, attendait du syndicalisme qu'il soit le « groupement par excellence », « l'association par excellence » à « l'utilité absolue ». (Cité par Pierre Rosanvallon, *op. cit.*)

objets de contestation plus urgents et plus radicaux que les conditions de travail[1], sur lesquelles les syndicats ont finalement obtenu des résultats limités... De ce point de vue, la force des mouvements associatifs est de ne pas connaître les mêmes problèmes de frontières que les syndicats, et de pouvoir s'unir entre eux, *tous ensemble* (comme le scandent régulièrement les manifestants), sur des objectifs variés. Par définition, « il serait extraordinaire que les associations ne sachent pas s'associer », comme l'écrivait Albert Meister[2]. C'est d'ailleurs ce qui permet aux associations de former, au-delà du mouvement associatif, la base et l'ossature des mouvements sociaux.

Enfin, le troisième déficit est un déficit d'image. À tort ou à raison, les syndicats renvoient une image proche des partis politiques et le registre de leurs interventions est parfois très similaire. Moins par orientation idéologique que par leur style d'intervention, leurs luttes d'influence, la préservation d'intérêts particuliers et leur organisation verticale, centralisée (on parle effectivement de « centrales » syndicales) et passablement directive.

LE PROJET DES PROJETS

A contrario, les mouvements sociaux associatifs donnent d'eux une image, réelle ou non, inverse des partis politiques et des syndicats. Et il est vrai qu'en l'état actuel, leur première force est de capitaliser un rejet et un « ras-le-bol » global des pouvoirs qui paraissent s'accommoder des régressions du progrès. On aurait pourtant tort de n'y voir qu'un vaste et hétérogène front du refus. Dans l'imaginaire social, les associations apparaissent comme l'émanation

1. Parrainé par le fondateur de MSF Belgique et par des responsables de grands mouvements associatifs, un syndicat de la vie quotidienne (SVQ) a été créé en Belgique.

2. Albert Meister, *Vers une sociologie des associations*, Paris, Éditions ouvrières, 1972.

directe de la société civile, comme une sorte d'idéal d'une société transparente à elle-même, où les individus débattent, délibèrent entre eux, en toute liberté, sur un pied d'égalité, et font démocratiquement valoir leurs choix, sorte d'auto-institution de la société par elle-même. Il s'agit peut-être seulement d'un rêve ou d'une utopie, c'est en tout cas celui d'une grande part de la société, et sans en faire un rêve prémonitoire, sa puissance partagée donne du sens et trace une voie là où on ne cesse de déplorer l'absence de visions d'avenir. Pour quelques instants, la société a la « folie » de se prendre pour une grande association, c'est-à-dire de penser le lien symbolique du politique sur le mode du lien social de base, celui de l'individu relationnel et associé. C'est moins ici l'invention par quelques nouveaux leaders d'une nouvelle forme d'expression sociale ou de faire de la politique, que la recherche d'une meilleure adéquation entre le monde vécu et sa représentation publique, pour reprendre les termes de Jürgen Habermas [1]. Dans le mouvement social, le plébiscite va sans doute d'abord à la démarche et à la méthode qui illustrent une nouvelle conception des rapports sociaux. En ce sens, la critique de l'absence de projet d'ensemble souvent faite à ces mouvements, tombe à plat [2]. Le projet est d'abord dans la méthode, le projet de l'association, c'est d'abord l'association, c'est-à-dire une forme bien particulière du lien social et politique. Bien plus qu'un projet particulier, c'est un projet pour tous les projets. Ici comme ailleurs, la forme devance le fond. Le label de « mouvement [3] » fait aussi partie d'un programme où prime la forme. Il n'exprime pas

---

1. Jürgen Habermas, *De l'éthique de la discussion*, Paris, Éditions du Cerf, 1992.

2. Voir le très intéressant débat entre associatifs, syndicalistes et politiques, Mouvement social et politique : de la défiance à l'échange, *L'Humanité*, 25 janvier 2000.

3. Sophie Béroud, René Mouriaux, « La polysémie du vocable "mouvement". Les mots et la chose en l'an 2000 », *Regards*, n° 54, février 2000.

seulement une dynamique ou la promotion d'idées, mais aussi des rapports internes de fluidité, d'interactions continues, de réseaux d'information, à l'image de la « vague » du Web qui en est la prothèse technologique, sans base ni sommet. Il ne s'oppose pas seulement à une organisation verticale des relations sociales, mais également à l'idée qu'elles pourraient être déterminées et fixées une fois pour toute dans le cadre d'un contrat. Si les associations dans leur diversité se sont, dès l'origine, désignées comme un mouvement associatif, c'est bien parce que le mot « colle » à leur conception originale du lien social. La sensibilité à ce mode de relation et le *mouvement* sont tellement dans l'air du temps, que même le patronat a jugé bon de changer de patronyme, passant du CNPF (Conseil national du patronat français) au Medef (Mouvement des entreprises de France). Rappelons-nous aussi que le grand mot d'ordre : « Mettre la société en mouvement » (en mouvements ?), lancé par Jacques Delors, lui-même issu de la mouvance associative, lui a valu un vif succès d'opinion.

L'ORIGINE DES LOIS SOCIALES

Pour autant, la prééminence de la forme associative ne cache pas un vide de contenu. Certes, il s'agit moins d'emblée d'un grand projet d'ensemble social que de projets thématiques, bien ciblés, mais souvent d'envergure. C'est, par exemple, pratiquement toute la politique préventive en matière de santé. Si la pandémie du sida a pu être contenue, chacun sait bien qu'on le doit avant tout à la mobilisation des associations (Aides, Sid'action, Act-up, etc.). C'est aussi à l'initiative d'associations qu'ont été organisées les grandes campagnes contre les maladies génétiques, ou d'autres formes de handicap. Le cas de l'action sanitaire et sociale est d'autant plus exemplaire que les associations réunies dans le cadre de l'Uniopss [1] ne se contentent pas d'informer et de prévenir mais gèrent directement une grande part des établissements.

Un autre indicateur, encore plus significatif de la centralité des associations dans le domaine social, concerne le domaine législatif. Pratiquement toutes les dernières lois sociales votées par le Parlement sont non seulement d'inspiration associative, préparées avec les associations, mais ont été pratiquement écrites et « dictées » par les associations. C'est notamment le cas de la récente loi sur la couverture maladie universelle (CMU), proposée de longue date par ATD Quart Monde, Médecins du monde, la Croix-Rouge, Remède, etc. Comme le rapporte sobrement une journaliste : « La CMU est un peu leur enfant... Les associations caritatives ont largement participé à la rédaction du projet de loi [2]. » Il en va de même pour le projet de loi sur le droit des malades, ou encore sur la révision de la loi Veil sur l'interruption volontaire de grossesse, soutenue par les associations de défense des droits des femmes. Avec ces dernières avancées des associations, à plus d'un siècle de distance, on croit entendre la voix de Tocqueville : « Les associations n'ont pas le droit de faire la loi, mais ont le pouvoir d'attaquer celle qui existe et de formuler d'avance celle qui doit exister [3]. » À l'évidence, aux deux bouts de la chaîne, de l'individu à la loi qui le gouverne, les associations sont devenues les vrais acteurs sociaux.

---

1. L'Uniopss (Union nationale interfédérale des œuvres et organismes privés sanitaires et sociaux) regroupe plus de 150 fédérations et associations comme le Secours populaire, l'Armée du Salut, l'association des paralysés de France, etc. Voir Jean-Jacques Shaller, « Les Associations du secteur sanitaire et social », *Faire société. Les Associations au cœur du social*, Paris, Syros, 1999.

2. Isabelle Mandraud, « Les associations veillent sur la couverture maladie universelle », *Le Monde*, 28 avril 1999.

3. Alexis de Tocqueville, *op. cit.*

LE RETOUR DE L'ASSOCIATION UNIVERSELLE ?

Une place qui peut d'autant moins leur être contestée, que leurs actions prennent de plus en plus une dimension non pas internationale mais transnationale. En réalité, bien des associations œuvrent pour le rapprochement des peuples et pour la paix dans le monde depuis toujours. Dès qu'elles atteignent une certaine dimension, les associations passent souvent par-dessus les frontières et se relient par réseaux ou grandes fédérations internationales. C'est le cas des chantiers de jeunesse qui sont résolument transnationaux, ou de l'Office franco-allemand pour la jeunesse (Ofaj), par exemple. Mais aujourd'hui, médiatisation et Internet aidant, les ONG[1] retiennent plus l'attention. Ainsi, le prix Nobel de la paix a couronné une ONG avec Médecins sans frontières, dans son édition de 1999. Mieux que les États nationaux dépassés, et compte tenu de la faiblesse des organismes publics internationaux, les associations, sous forme d'ONG, participent à la constitution d'une mondialisation citoyenne face à la globalisation des marchés, et sont peut-être en train de réussir à susciter une conscience sociale aux dimensions de la planète. Dans tous les domaines comme l'écologie, la lutte contre la faim, les missions humanitaires, les droits de l'homme, les associations sont les seules aujourd'hui à pouvoir dénoncer et souvent à prévenir du pire, des génocides, de la destruction de l'environnement ou de la seule loi du profit à court terme au seul bénéfice d'une toute petite minorité d'individus à l'échelle de la planète. Après les sommets sur le « social » de Copenhague, sur les droits des femmes de Pékin, sur l'environnement de Rio, les grandes manifestations de Seattle, qui ont tenu en échec les

1. Les ONG (organisations non gouvernementales) sont des associations qui se définissent par le caractère bénévole de leurs actions, par leurs origines privées et par leur dimension internationale (Bénédicte Halba, Michel Le Net, *Bénévolat et volontariat, op. cit.*).

négociations de l'OMC en cette fin de siècle, resteront dans l'Histoire comme une sorte d'éveil d'une société civile mondiale, renouant avec le grand mythe oublié de l'association universelle du XVIIIe siècle. Mais aussi, comme l'affirmation de la puissance d'un nouvel acteur social transnational, sur une scène internationale jusqu'ici exclusivement réservée à des acteurs politiques nationaux. La manifestation de ce nouveau lien, où le monde recherche son unité à travers des associations formant une grande association, n'est pas pour rien dans la prise de conscience ici et là de la mutation en profondeur de la nature du lien social entre les individus. Même si, comme le note Bertrand Badie : « On a du mal à voir cette autre face de notre monde où prolifèrent les échanges, les connivences, les solidarités utilitaires ou affectives, d'une xmicroscopique relation de face-à-face jusqu'à un flux transnational massif[1]. »

1. Bertrand Badie, *op. cit.*

Chapitre VII

LA PRODUCTION DE L'INDIVIDU

La transformation en profondeur du lien entre les individus, de leurs rapports au collectif et à la société, affecte évidemment aussi la relation économique. La mutation du lien social englobe naturellement celle du travail et de l'économique. Elle précède et recouvre ce que l'on présente en général, depuis le milieu des années 1970, comme une mutation purement interne de l'économie, comme si cette dernière était détachable de la société qui la produit. Dans l'économie également, de manière certes plus diffuse, on relève bien des indices de la pénétration du lien d'association.

L'activité croissante des associations et la professionnalisation de nombre d'entre elles finissent par peser lourd dans l'économie. Plus que jamais, les associations en sont une composante à part entière. Ainsi, la part des associations, et *a fortiori* de l'économie dite sociale [1] dans le revenu

1. Outre les associations, l'économie sociale comprend aussi les mutuelles et les coopératives. Claude Vienney, *L'Économie sociale*, Paris, La Découverte, 1997 et Thierry Jeantet, *L'Économie sociale européenne*, Paris, CIEM, 1999.

européen, est largement supérieure à celle du secteur agricole ou de l'automobile.

Cette montée en puissance économique des associations tient pour beaucoup au glissement général de l'économie vers une économie « immatérielle », une économie de la personne et de la *production* de l'individu qui sont les terrains de prédilection des associations. On ne doit pas oublier qu'en dépit de la déferlante libérale et de l'apparente toute-puissance du marché, l'économie est « plurielle[1] » et que plusieurs principes de production, dont la réciprocité et l'association, y sont à l'œuvre[2]. Je crois qu'une économie plus centrée sur la personne modifie l'articulation et la place respective de ces différentes formes d'économie. Nul besoin d'être marxiste pour rappeler ici l'étroite relation entre la nature de la production et un mode de production.

Enfin, dans les entreprises les plus performantes, la relation au travail, dans le travail et plus largement la relation entre le travail et le capital, sont en train d'évoluer rapidement. Il y est par exemple de plus en plus question de participation sous diverses formes. Au-delà de la résurgence d'un thème politique porté par le gaullisme à l'époque de sa grandeur, la participation est aussi un signe de l'extension progressive du lien d'association à la relation dans l'entreprise et, plus globalement, à la relation économique.

1. Guy Aznar, Alain Caillé, Jean-Louis Laville, Jacques Robin, Roger Sue, *Vers une économie plurielle*, Paris, Syros, 1997.

2. À la suite de Karl Polanyi, on peut distinguer quatre principes de production : l'autoproduction domestique (ex : l'individu, la famille), l'échange réciproque (ex : l'association), le marché (ex : l'entreprise) et la redistribution (ex : l'État). Voir Karl Polanyi, *La Grande Transformation* (1944), Paris, Gallimard, 1983.

Quand l'économie vient aux associations

LE POIDS ÉCONOMIQUE DES ASSOCIATIONS

À une époque marquée par un chômage de masse, la contribution des associations, et plus largement, du secteur sans but lucratif à la création d'emplois, a focalisé l'attention sur la dimension économique positive de ce secteur dans la création de richesses. Perception d'autant plus positive, que nombre d'emplois créés servent une cause sociale et permettent de dessiner les contours d'une « autre » économie, en fait de redécouvrir l'impact et les vertus de l'économie sociale. À s'en tenir aux critères du secteur sans but lucratif[1], en 1990 l'emploi y représentait 6,9 % de l'emploi total aux États-Unis, soit plus de 7 millions de personnes ; 4,2 % en France, soit 803 000 salariés en équivalent temps plein, chiffre que l'on peut facilement doubler si l'on prend en compte l'apport des bénévoles ; 3,7 % en Allemagne, 3,5 % au Royaume-Uni, etc. De plus, la dynamique de l'emploi dans ce secteur a été très supérieure à tous les autres secteurs marchands ou publics. Dans les trois premiers pays cités, entre 1980 et 1990, sur l'ensemble des emplois créés, 13 % l'ont été dans des associations et même 40 % dans le cas de la France. Pour donner une autre indication aussi significative, la part des dépenses de ce secteur dans le PNB de ces pays en 1990 s'est élevée à 6,3 % aux États-Unis, 4,8 % au Royaume-Uni, 4 % en Suède, 3,6 % en Allemagne et à 3,3 % en France (soit 217 milliards de francs).

---

1. Lester M. Salamon, Helmut K. Anheier, *op. cit.* Pour une synthèse des résultats, Edith Archambault, « Le secteur sans but lucratif : associations et fondations en France et à l'étranger », *La vie associative, Administration*, n° 176, juillet-septembre 1997.

UNE ÉCONOMIE RELATIONNELLE

En réalité, ces chiffres minimisent l'importance économique des associations autant qu'ils la soulignent. Par définition, l'économie associative ne répond pas aux mêmes critères que le marché. L'apprécier selon les mesures ordinaires de l'économie de marché, comme le nombre d'emplois ou l'importance des flux monétaires, peut donner un ordre de grandeur utile mais rate l'essentiel. Créer des emplois ou de la valeur monétaire ne sont pas des objectifs prioritaires des associations mais une simple conséquence, le plus souvent secondaire, d'une partie de leur activité. La production associative est pour l'essentiel non marchande et non monétaire, que ce soit du lien social, de la participation citoyenne, de l'échange d'informations ou de services. Même lorsqu'il y a un produit ou une valeur ajoutée monétaire (ce qui est souvent le cas), et même si ce produit n'est pas résiduel (ce qui est plus rarement le cas), c'est moins le produit que la *manière* de le produire qui importe et crée de la valeur, comme le soulignent à juste titre les associations. Les associations sont autant à apprécier pour ce qu'elles sont que pour ce qu'elles font et nécessitent des critères d'évaluation qualitatifs qui leur soient adaptés [1]. Au moment même où l'économie marchande, au-delà des critiques convenues sur ce que mesure (et ne mesure pas) le PIB, se pose de vraies questions sur la validité de ses propres indicateurs [2], face à une économie plus immatérielle, il serait paradoxal d'y réduire l'économie associative qui justement participe

1. Sur le cas français, voir Guy Neyret, Jean-Marie Nivlet, Daniel Rault, « Associations régies par la loi de 1901 », *Conseil national de l'information statistique (CNIS)*, n° 44, novembre 1998.

2. Richesse réelle et bulle financière, temps de travail et créativité, mesure de la productivité, des externalités sur l'environnement ou la santé, sont quelques-unes des questions parmi bien d'autres qui sapent les fondements d'une économétrie de plus en plus irréelle.

pleinement de cette évolution. C'est en effet cette évolution vers une économie plus immatérielle d'information et de formation qui place l'association en position plus centrale dans l'économie et lui assure sa dynamique actuelle. En réalité, ce sont moins les associations qui se sont tournées vers l'économie que l'inverse...

DE L'*HOMO FABER* À L'*HOMO SAPIENS*

Personne ne conteste cette mutation de l'économie et la montée en puissance d'une économie « immatérielle[1] ». Non pas que l'économie matérielle (celle de l'industrie automobile par exemple) ait moins d'importance, mais d'une part elle nécessite moins de travail, mobilise de moins en moins de monde, et d'autre part elle est commandée, contrôlée et dépendante de tout un capital immatériel[2] (recherche, formation, innovation, marketing, force commerciale, technologies intelligentes, etc.). On estime par exemple qu'aux États-Unis, un salarié sur trois environ est un travailleur de l'immatériel, qu'il travaille sur de l'information et peut être rangé dans la catégorie des « manipulateurs de symboles », selon l'expression de Robert Reich[3]. Il faut dire aussi qu'il y a plus d'ordinateurs dans ce pays que dans le reste du monde. Cette économie de l'immatériel, qui engendre une société dite d'information, déplace le centre de gravité de l'économie : l'*homo faber* se fait enfin *homo sapiens* et le « travail » de conception l'emporte sur celui de la fabrication en voie d'automatisation. Du même coup, luxe des sociétés opulentes, la question moderne de l'économie devient plus de savoir quoi produire

1. Charles Goldfinger, *L'Utile et le Futile. L'Économie de l'immatériel*, Paris, Éditions Odile Jacob, 1994.
2. Ahmed Bounfour, *Le Management des ressources immatérielles*, Paris, Dunod, 1998 et Karl E. Sveiby, *La Nouvelle Richesse des entreprises*, Paris, Maxima, 2000.
3. Robert Reich, *L'Économie mondialisée*, Paris, Dunod, 1992.

que comment produire, et renoue avec des interrogations beaucoup plus ouvertement sociologiques ou politiques que strictement économiques, contrairement à ce qu'on laisse entendre.

LA RESSOURCE HUMAINE

Mais souvent la description s'arrête là, à celle d'une économie immatérielle de l'information, quand ce n'est pas simplement aux technologies informatiques et à l'Internet qui, à elles seules, fonderaient la « nouvelle économie ». Selon une vision à la Mc Luhan[1], l'outil, en l'occurrence le media, l'emporterait et se substituerait presque au contenu. C'est un peu court et on oublie l'essentiel, c'est-à-dire ce qui produit l'information. Les récents déboires de la « nouvelle économie » et des start-up sans projets sérieux rappellent que toute technologie (*hardware*), aussi sophistiquée soit-elle, suppose un contenu (*software*) qui l'alimente. Il paraît assez évident que dans une économie de l'information, sa production est au moins aussi importante que son traitement, sa transmission et sa diffusion. L'information, c'est du savoir, de la formation, de l'éducation, de l'échange et du lien social, des valeurs, une forme de culture en fin de compte. En ce sens, il me paraît au moins aussi juste de parler d'économie du savoir ou de l'intelligence, voire même d'économie « cognitive[2] » comme on parle aujourd'hui d'entreprise « cognitive » ou « apprenante ». C'est en tout cas bien sur ces ressources, « ressources humaines » à proprement parler, que se joue la dynamique du développement économique. Non seulement parce qu'elle concentre de plus en plus d'individus et, par définition, de matière grise, mais aussi parce que tous les autres secteurs de l'économie lui sont directement ou indi-

1. Selon sa célèbre formule : « The medium is the message », Marshall Mc Luhan, *Understanding Media*, New York, Mc Graw-Hill, 1964.
2. Thierry Gaudin, *Introduction à l'économie cognitive*, Paris, Éditions de l'Aube, 1997.

rectement subordonnés. La ressource humaine, ou encore le capital humain[1], tend ainsi à devenir une sorte d'économie de l'économie ou si l'on préfère, par analogie avec les précédentes révolutions, sa nouvelle source d'énergie. Nos sociétés fonctionnent à l'information (société informationnelle), au savoir et au capital humain comme elles ont pu fonctionner à l'électricité ou à l'électronique[2]. Selon le Programme des Nations-Unies pour le développement (PNUD[3]) : « Ce ne sont plus la découverte de l'or, la conquête de nouvelles terres ou la maîtrise des machines qui donnent accès au pouvoir économique, mais la capacité à écrire des programmes informatiques et à décrypter des codes génétiques. » De son côté, la Banque mondiale[4], en tentant d'appréhender et de pondérer les différents facteurs de la croissance mondiale, estime qu'ils se répartissent comme suit : 20 % pour le capital naturel, 16 % pour le capital physique et 64 % pour le capital humain. Dans les pays les plus avancés et tertiarisés comme la Suisse, le capital humain interviendrait même pour plus de 80 % de la croissance.

LA PRODUCTION DE L'INDIVIDU

Dire que le capital humain en général et celui de chacun en particulier sont essentiels dans notre mode de développement signifie qu'une part croissante de l'économie est consacrée à le produire. Ce qui se reflète pour partie[5] dans les chiffres, notamment les dépenses d'éduca-

1. Tom Stewart, *Intellectual Capital. The New Wealth of Organisations*, New York, Doubleday, 1997.
2. Jacques Robin, *Changer d'ère*, Paris, Le Seuil, 1989 et « Quand le travail quitte la société post-industrielle », *Cahiers du GRIT* I et II, 1993-1994.
3. PNUD, Rapport mondial 1998.
4. Cité par Dominique Méda, *Qu'est-ce que la richesse ?*, Paris, Aubier, 1999.
5. Pour partie seulement, car le capital humain désigne la formation et les expériences propres de chaque individu, et recouvre la notion d'identité.

tion qui (hors formation continue) ont pratiquement doublé en vingt ans pour atteindre 6,6 % de la richesse nationale en France, 8,5 % au Danemark, 7,9 % en Suède, 6,7 % aux États-Unis, 6 % en Allemagne, 4,7 % en Italie et au Japon, soit une moyenne d'environ 6 % pour l'ensemble des pays de l'OCDE [1]. Même chose pour l'entretien et la longévité de ce capital si on les mesure en « capital santé », puisque sur la même période, les dépenses pour la santé sont passées de 8,2 % à 14,2 % du PIB aux États-Unis, de 9 % à 10,4 % en Allemagne, de 7 % à 9,8 % en France, de 7,5 % à 8,8 % aux Pays-Bas, de 5,5 % à 6,9 % au Royaume-Uni, etc. Autrement dit, une part croissante de la ressource économique est centrée sur le facteur humain, sur sa production, sur la *production* de l'individu en définitive.

Là se concentre sans doute l'essentiel de la mutation que nous sommes en train de vivre, avec le passage de l'individu « facteur » de production par son travail pendant des siècles, à l'individu « sujet » lui-même de la production. Passage de l'individu productif à la *production* de l'individu, où l'individu est moins l'instrument de la production que sa matière première. Production de son intelligence, de ses capacités cognitives, de ses facultés d'autoprogrammation [2], d'adaptation, d'autonomie, de créativité, de socialisation et d'échange, de ses valeurs, etc. Tel est en définitive l'essentiel de l'activité productive. D'ores et déjà, pour « les manipulateurs de symboles » que nous sommes tous plus ou moins amenés à devenir, le temps de l'autoformation, sous toutes ses formes, dépasse de très loin le temps de travail *stricto sensu* qui n'en est plus qu'une modalité d'application parmi d'autres. On comprend que vie de travail et hors travail aient alors plus souvent tendance à s'interpénétrer et même à se confondre. Soit que l'on donne une définition

1. OCDE-CERI, 1999.

2. Manuel Castells, *L'Ère de l'information. Le Pouvoir de l'identité*, Paris, Fayard, 1999.

très extensive du travail qui, au temps d'occupation proprement dit, ajoute le temps de « préoccupation » et de formation de la personne, tout devient alors plus ou moins « travail » ; soit que l'on considère à l'inverse le temps libéré objectivement hyperdominant comme un temps essentiel de réalisation de soi et de formation de l'individu, et donc comme une ressource majeure de la créativité et de la productivité, dont le travail est une concrétisation parmi d'autres. Tout dépend du type d'investissement de chacun, plus que des frontières de moins en moins nettes entre travail et non-travail dans une économie immatérielle. Toujours est-il que la *production* de l'individu, sorte d'économie « existentielle », concerne tous les aspects de la vie individuelle, au travail et hors travail.

Il faut aussi prendre la *production* de l'individu dans son sens le plus littéral : celui de sa production génétique. La « cartographie » (décryptage et séquençage) du génome humain ouvre des perspectives sans limites dans ce domaine où se joue la question même de la nature de la nature humaine[1]. On peut prononcer tous les moratoires que l'on veut contre la manipulation du vivant et tenter de contrôler l'utilisation des biotechnologies, elles continueront à se développer pour des motifs thérapeutiques (les thérapies géniques) qui ouvrent de fait, à terme, la porte au « contrôle » de la production génétique de l'individu. La question n'est plus seulement d'ordre scientifique, elle est économique et compte tenu de sa nature, aussi bien sociologique que politique.

1. Voir les nombreux débats animés par la revue *Transversales Science/Culture* autour d'Henri Atlan, Edgard Morin, Jacques Testart, Monette Vacquin, etc.

LE SAUT VERS LE QUATERNAIRE

Au total, la « nouvelle économie », dont il est ici question dans ses grandes lignes, représente un saut qualitatif inédit au regard de l'histoire économique. Parce qu'il ne s'agit plus seulement de répondre à des besoins, ni même de programmer des besoins et des désirs[1], mais plus fondamentalement de produire et de développer les facultés de l'individu lui-même. C'est pourquoi, reprenant la théorie de la succession des secteurs économiques dans l'histoire, j'ai proposé le terme de *quaternaire*[2] pour désigner cette évolution. Au-delà de la subsistance (primaire), des biens et des services collectifs plus ou moins standardisés (secondaire et tertiaire), le *quaternaire* se présente comme une sphère économique centrée sur la *production* de l'individu et sur son développement personnel.

Dès lors, on comprend mieux la montée en puissance économique et le succès des associations, puisque le terrain de la *production* de l'individu, de sa formation et de sa santé particulièrement, correspond à leur vocation naturelle et qu'elles s'y sont solidement implantées dès l'origine. Les associations n'ont nullement déserté le « social » pour l'économique, au contraire c'est le « social », hier aux marges de l'économie, qui en est devenu le centre névralgique, en amont de toute production. Ce renversement du social en économique auquel nous assistons, pose un problème aussi bien éthique qu'économique au mode de production classique. Les associations détiennent sans aucun doute une partie de la réponse. Au-delà du caractère *a priori* philan-

1. Jean Baudrillard, *La Société de consommation, ses mythes, ses structures*, Paris, Denoël, 1970 et Pour *une critique de l'économie politique du signe*, Paris, Gallimard, 1972.

2. *La Richesse des hommes. Vers l'économie quaternaire*, Paris, Éditions Odile Jacob, 1997. Terme également utilisé par Jean-Marc Ferry, *L'Allocation universelle*, Paris, Le Cerf, 1995.

thropique d'un tel secteur, les qualités intrinsèques des associations (lien social, personnalisation, valeurs démocratiques, etc.), et plus largement du lien d'association, en font non pas un acteur unique mais un partenaire plus que jamais indispensable dans une économie orientée par et vers le *quaternaire*.

LES ASSOCIATIONS FACE À LA CONCURRENCE

La dynamique du développement économique des associations tient certes au recentrage de l'économie sur l'immatériel en général et sur le social en particulier, mais aussi à leurs rapports triangulaires avec les deux autres grands acteurs économiques que sont l'État et le marché.

L'importance croissante du secteur social (action sociale, santé, chômage, éducation) dans l'économie s'est d'abord et surtout traduite par l'augmentation continue des dépenses de l'État, dès la fin des années 1960. Aujourd'hui on estime que l'État et l'ensemble des services publics se heurtent à une double limite. Une limite financière qui tient au poids jugé excessif des prélèvements obligatoires, et une limite opérationnelle concernant son efficacité décroissante face au processus de décentralisation, de personnalisation des actions et de nécessaire innovation au plus près du terrain. Dans ces conditions, l'État est conduit à déléguer une part croissante des fonctions traditionnelles de l'État-providence. De l'État-producteur en passant par l'État-providence, on se dirige aujourd'hui vers un État plus modeste [1], vers un État-animateur [2]. Ce processus de délégation, dans lequel s'engagent tout particulièrement les États forts et centralisés comme la France, « profite » aux associations, accroît le volume de leurs interventions en même temps que

1. Michel Crozier, *État modeste, État moderne : stratégie pour un autre changement*, Paris, Fayard, 1997.
2. Jacques Donzelot, Philippe Estèbe, *L'État animateur*, Paris, Esprit, 1994.

leurs responsabilités publiques. Mais si la délégation fait figure de nécessité, c'est la question du « modèle » de délégation et de dérégulation [1] qui suscite aujourd'hui le débat et pose problème aux associations. Les pouvoirs publics oscillent depuis toujours entre trois grandes options : celle de la pure délégation de service public qui instrumentalise les associations, les rend dépendantes sans leur donner toujours les moyens de leurs missions ; celle de la dérégulation libérale où les pouvoirs publics procèdent à des appels d'offre dans lesquels les associations se retrouvent en concurrence avec les entreprises, sans que soient vraiment prises en compte leurs spécificités ; celle de l'autonomie et du partenariat où l'initiative provient des associations dont le financement n'est pas nécessairement lié à une action précise.

Si la réalité amalgame ces trois types de relation, la tendance la plus puissante actuellement est à la dérégulation et au transfert au marché, sous couvert de libre concurrence entre associations et entreprises. Comme le dit Jacqueline Mengin : « Les collectivités territoriales, comme l'État, à la fois à cause de la raréfaction des crédits mais également par la crainte de soutenir à fonds perdus des structures, "n'achètent" plus que des produits, sans d'ailleurs estimer ce qu'ils coûtent réellement. Le vent de libéralisme qui souffle impose de faire jouer la concurrence à tout niveau. On assiste à une généralisation des procédures d'appel d'offre qui a conduit à une instrumentalisation et à une banalisation des associations ainsi placées sur le même plan que les entreprises qui n'ont pas du tout les mêmes processus d'intervention [2]. »

1. « Produire des solidarités. La part des associations », Mire, Rencontres et Recherches, 1997. Voir aussi l'analyse d'Adalbert Evers, « Part of the mix : the third sector as an intermediate area », *Voluntas*, vol. 6, n° 2, 1995.

2. Jacqueline Mengin, « Les associations dans la décentralisation », *in La Vie associative, op. cit.*

L'ENTREPRISE ÉDUCATIVE

Si le libéralisme ambiant compte dans l'attitude des pouvoirs publics, l'évolution des entreprises et de l'économie tout entière vers l'immatériel et la « production » de l'individu y est aussi pour beaucoup. En effet, l'importance croissante de ressources aussi stratégiques que l'éducation, la formation ou la santé dans la nouvelle économie, ne peut évidemment laisser indifférentes les entreprises qui y voient les grands marchés porteurs d'avenir. Par le biais de l'édition, des nouvelles technologies ou des jeux éducatifs par exemple, les entreprises sont déjà largement présentes et partenaires de la *production* de l'individu. Mais elles projettent désormais de contrôler le marché à sa source, de la programmation des contenus, des valeurs et de l'acte éducatif lui-même, jusqu'à celui des institutions éducatives comme l'école. À Bruxelles, la pression des grands industriels pour la privatisation de l'enseignement et de la formation tout au long de la vie est très forte [1]. Les tables rondes et rapports sur le thème sont explicites : « L'éducation et la formation sont considérées comme des investissements stratégiques vitaux pour la réussite future de l'entreprise [...]. La responsabilité de la formation doit, en définitive, être assumée par l'industrie [...]. Le monde de l'éducation semble ne pas bien percevoir le profil des collaborateurs utiles à l'industrie [...]. L'éducation doit être considérée comme un service rendu au monde économique [2]. » Au Royaume-Uni, on en est déjà à l'application. Des écoles sont directement gérées par des groupes de restauration ou d'informatique qui infléchissent progressivement les ensei-

---

1. Gérard de Sélys, « L'école, grand marché du XXIe siècle », *Le Monde diplomatique*, juin 1998. Du même auteur, *Tableau noir, appel à la résistance contre la privatisation de l'enseignement*, Bruxelles, EPO, 1998.

2. « Une éducation européenne, vers une société qui apprend », *Rapport de la table ronde européenne des industriels*, ERT, février 1995.

gnements vers le modèle des centres d'apprentissage... Les arguments en faveur du privé sont d'autant mieux entendus que le marché des logiciels éducatifs et de l'enseignement à distance (téléenseignement), déjà contrôlé par de grands groupes comme Pearson Education (l'une des premières sociétés de services intégrés d'éducation), est en pleine expansion. De son côté, l'OCDE annonce encore plus franchement la couleur en considérant que l'éducation doit être assurée « par des prestataires de services éducatifs » et que le rôle des pouvoirs publics devrait se borner à « assurer l'accès à l'apprentissage de ceux qui ne constitueront jamais un marché rentable et dont l'exclusion de la société s'accentuera à mesure que d'autres vont continuer de progresser[1] ».

L'HOMME MARCHANDISE

Le scénario est le même en matière de santé où toute la chaîne est menacée de privatisation rampante. Depuis la recherche, avec des laboratoires privés qui concurrencent directement les organismes publics dans la course à la découverte du patrimoine héréditaire de l'humanité (génome), avec un risque permanent d'appropriation et de brevetabilité du vivant, en passant par la position hégémonique des grandes multinationales de l'industrie pharmaceutique, jusqu'à la participation de plus en plus significative des assurances privées dans la gestion des systèmes de santé comme aux Pays-Bas, plus récemment en Allemagne et encore timidement en France. On en connaît d'avance les résultats, puisque les États-Unis, qui sont depuis longtemps dans cette logique de privatisation, réussissent la performance de cumuler le plus haut niveau de dépenses de santé au monde avec de très médiocres indicateurs de santé et de

1. *Adult Learning and Technology in OECD Countries*, Paris, OCDE, 1995.

morbidité selon l'OMS [1], et plus de 60 millions d'Américains dans l'impossibilité de se soigner par manque de moyens.

Le déplacement du centre de gravité de l'économie vers une « ressource humaine » de plus en plus stratégique rend celle-ci extrêmement vulnérable à une production marchande qui, dans des domaines aussi sensibles, est une atteinte directe aux valeurs de la démocratie. Pour parler clairement, le risque évident est de produire de « l'humain » (corps et âme) selon les mêmes lois et parfois les mêmes méthodes que n'importe quel bien de consommation. De laisser le patrimoine de l'humanité entre les mains de quelques intérêts privés. Ce ne serait plus seulement le travail ou même le salarié qui serait traité en marchandise, mais l'individu lui-même. La question de la gestion de « l'économie de l'homme » et de savoir si celle-ci sera une économie humaine est en tout cas posée.

LA RÉSISTANCE ASSOCIATIVE

Face à cette concurrence des entreprises et au désengagement des pouvoirs publics, certaines associations sont de plus en plus contraintes de s'ouvrir largement aux ressources du marché et de se comporter comme de véritables entreprises, au risque d'y perdre leur identité. Le risque est incontestable et l'on peut facilement comprendre que leur rôle économique croissant les presse de se soumettre aux normes dominantes de l'économie, celles du marché. Cette dérive n'est nullement irrésistible et en réalité personne n'y aurait intérêt, ni les associations qui y perdraient leur raison d'être, ni même le marché et les entreprises qui peuvent tirer profit d'un pôle économique différent, particuliè-

---

1. Selon les indicateurs de performance utilisés pour évaluer les systèmes de santé dans 191 États, les États-Unis n'arrivent qu'au 37e rang ; la France, l'Italie et l'Espagne se partagent la tête du classement (« Rapport sur la santé dans le monde », *Organisation mondiale de la santé*, juin 2000).

rement utile dans une économie où la ressource humaine est si vitale.

Pour l'instant, et selon une étude déjà citée[1], dans les différents pays, les ressources provenant des prestations vendues et du marché (47 %) restent en moyenne inférieures aux subventions publiques (43 %) et aux dons privés (10 %). Les associations, conscientes des dangers de la dérive marchande, réclament d'ailleurs la transparence et surtout des moyens matériels et financiers qui leur assurent une indépendance financière, même si les recettes du marché demeurent une composante importante. Du côté des pouvoirs publics en France, une instruction fiscale[2] vient utilement de rappeler les normes[3] de la gestion associative pour bénéficier de l'exonération des impôts commerciaux. Même s'il y a une certaine hypocrisie à imposer la vertu financière aux associations, sans toujours leur donner les moyens nécessaires aux actions qu'on leur demande par ailleurs, la spécificité de l'économie associative et l'esprit de la loi de 1901 sont ainsi réaffirmés.

Enfin, et c'est peut-être le plus important, les entreprises commencent à se rendre compte que les associations savent produire des ressources, de la formation, des valeurs, du lien social et des expériences qui leur sont indispensables et qu'elles ne savent pas produire, ou qu'il leur serait trop onéreux de produire par elles-mêmes. Et qu'il est en conséquence peut-être plus judicieux, socialement et économiquement, de jouer la carte de la complémentarité plutôt que celle de la concurrence ou de l'ignorance. Ce qui exige en retour que les associations développent à fond leur

1. Lester M. Salamon et Helmut K. Anheier, *op. cit*.

2. Instruction fiscale du 15 septembre 1998 précisée par celle du 19 février 1999.

3. Notamment la règle dite des 4P par laquelle les associations doivent se distinguer des entreprises sous l'angle du Produit, du Public, du Prix et de la Publicité.

originalité et leur identité, et ne soient justement pas des clones de l'entreprise. S'il en était ainsi, ce sont les fondements d'une nouvelle forme de régulation économique, plus conforme à la « production » de l'individu, qui pourraient progressivement s'imposer.

La nouvelle alliance

LA VALORISATION DU CAPITAL HUMAIN

Les relations entre associations et entreprises sont à la fois plus nombreuses et plus profitables pour chacun des partenaires qu'on ne le croit généralement [1]. À commencer par la valorisation du capital humain, capital stratégique pour l'entreprise comme pour l'association. Au-delà d'un système éducatif qui transmet essentiellement des connaissances, et d'une formation professionnelle très insuffisante [2] et très limitée au regard de l'importance de ce capital, les associations apportent de plus en plus une valeur ajoutée spécifique dans le processus de formation permanente de l'individu. Volontariat, individualisation, participation active, relation égalitaire d'entraide sont des atouts naturels d'une formation propre à l'association qui l'assimile plutôt à une autoformation [3]. On sait aussi que la formation par l'association est

1. « Liens entre entreprises et associations : les conditions d'un partenariat efficace », *Développements*, n° 22, mai 2000.

2. Pour prendre un cas extrême mais nullement exceptionnel, une ouvrière dans une petite entreprise française, résidant dans une ville moyenne a 2,5 % de chances de bénéficier d'une formation. En moyenne un salarié sur cinq accède à une formation dans une petite entreprise contre un salarié sur trois dans une grande entreprise, ce qui reste limité et bien en deçà des « chances » d'appartenir à une association.

3. Patricia Portelli, « Dynamique individuelle et collective d'autoformation en milieu associatif », *Éducations*, février-mars 1995 et Philippe Carré, André Moisan, Daniel Poisson, *L'Autoformation : psychopédagogie, ingénierie, sociologie*, Paris, Presses universitaires de France, 1997.

acquise concrètement « en situation », condition pour que les connaissances se transforment en compétences dans des savoir-faire. Compétences techniques mais aussi relationnelles et comportementales avec les savoir-être et savoir-vivre. Dans ce domaine des compétences « transversales[1] » où s'expriment la qualité du lien social, la relation individuelle au collectif, le sens de la relation, la capacité d'organisation, la prise de responsabilités, le sens de l'initiative, mais aussi le sens critique et l'esprit d'innovation, les associations excellent tout particulièrement. Or, selon les spécialistes de la gestion des ressources humaines, ce sont précisément ces compétences qui ne s'enseignent pas (mais qui s'apprennent), qui sont aujourd'hui les plus recherchées par les entreprises, celles qui font la différence, car elles dépendent plus du potentiel individuel et des qualités personnelles que des diplômes standards. Prises par les exigences de résultats immédiats, de performance et de rationalisation du procès de production, les entreprises ne peuvent qu'exploiter de telles dispositions, non les produire. Le salarié est le plus souvent renvoyé à sa propre autoproduction de compétences qu'il doit par lui-même entretenir et développer, sous peine de perdre son « employabilité ». Pour certains, il s'agit là d'un nouveau « compromis salarial » par lequel le salarié est moins reconnu par une formation initiale, bonifiée par les années d'ancienneté, que par « l'acquisition permanente des compétences nécessaires à l'accompagnement des évolutions de la demande et de son outil de production[2] ».

1. Simone Aubrun, Roselyne Orofiamma, *Les Compétences de troisième dimension*, Paris, Conservatoire national des arts et métiers, 1990.

2. Georges Trépo, Michel Ferrary, « La gestion des compétences, un outil stratégique », *Sciences humaines*, n° 81, mars 1998.

UN PARTENARIAT « GAGNANT-GAGNANT »

Les moyens et méthodes d'autoformation sont divers mais, parmi ceux-ci, la participation et plus encore les responsabilités prises dans les associations figurent en bonne place. C'est si vrai que ce qui se faisait sur le mode informel et sur initiative personnelle est de plus en plus reconnu et encouragé par les entreprises. Nombreuses sont les entreprises qui incitent leurs salariés à participer et à s'engager dans des associations, y compris sur leur temps de travail. La société Timberland aux États-Unis a été l'une des pionnières, en déléguant ses employés volontaires auprès de l'association City Year qui apporte son aide aux quartiers défavorisés[1]. L'action n'est pas seulement philanthropique, comme le reconnaît volontiers son directeur général qui estime que « c'est à la fois le meilleur et le plus économique des moyens de renforcer l'esprit d'équipe, d'améliorer la confiance en soi, de valoriser de nouvelles compétences, et finalement de gagner en productivité ». D'autres grandes entreprises comme la Shell ou DHL font de même, ou laissent le libre choix au salarié de son investissement associatif, comme chez Marks & Spencer. Dans certains groupes, comme Axa en France, on a même créé une association, avec permanents à l'intérieur de l'entreprise, pour gérer les relations avec les associations extérieures. Du côté des associations, les avantages de tels partenariats sont évidents puisque, outre les revenus financiers et dons en nature qu'elles en retirent, elles disposent ainsi de personnels aux compétences professionnelles parfois très « pointues » qui stimulent leurs propres activités.

1. Dans le même esprit, Timberland France a conclu un accord de coopération avec Unis-Cité, association de jeunes volontaires.

L'ASSOCIATION, « CAPITAL » DE L'ENTREPRISE ?

La place des expériences associatives dans la valorisation du capital humain est telle qu'elles font naturellement partie des bilans de compétences et qu'elles tendent désormais à être reconnues, certifiées et validées comme acquis, au même titre que les expériences professionnelles qui permettent d'obtenir les équivalences pour tel ou tel diplôme[1]. Les engagements associatifs, négligés ou relégués à la rubrique « loisirs » des *curriculum vitae,* sont maintenant soigneusement mis en valeur comme argument de « vente ».

L'utilité économique et sociale de cette formation au sens large, par l'action et l'initiative dans les associations, s'apparente d'ailleurs de plus en plus à un véritable emploi. Dans de nombreux pays, les chômeurs sont incités et parfois même obligés comme en Scandinavie, au Royaume-Uni ou aux États-Unis, de participer à ces actions associatives qui profitent à l'individu, à la collectivité et développent leur « employabilité ». En France, le dispositif a été très ciblé sur les jeunes avec les « emplois jeunes » attribués aux associations pour l'essentiel. Très critiqué au départ, tout le monde a fini par en reconnaître les multiples avantages. Pourquoi ne pas l'étendre aux chômeurs qui disposeraient ainsi du revenu minimum (Smic) ? Et au-delà, aux salariés à temps partiel ou intérimaires qui pourraient compléter des revenus faibles ou intermittents ? Et finalement à tous ceux qui le souhaitent[2] ? On voit bien que c'est tout un secteur, généralement baptisé « tiers secteur », qui est en constitution et dont on reconnaît de plus en plus l'utilité écono-

1. Le projet de loi sur la certification et la validation indique que « les acquis pris en compte comprennent l'ensemble des expériences professionnelles, *sociales* ou *culturelles* pouvant être réinvesties dans l'exercice de la profession ou du secteur d'activité visé ».

2. La rétribution étant évidemment dégressive selon les revenus de chacun.

mique et la complémentarité avec les entreprises dans une économie plurielle. Un tel secteur finira tôt ou tard par s'imposer à parité avec le secteur marchand des entreprises, en raison de l'importance et de l'allongement de la formation tout au long de la vie, de la réduction du temps de travail et de la nécessaire redistribution des revenus, et surtout en raison de la flexibilité croissante du travail qui suppose, en contrepartie, un pôle de sécurité accessible à tous. La perspective est moins iconoclaste qu'il n'y paraît, elle a été soutenue, sous différentes variantes et dans divers pays [1], par des instances très officielles comme le Commissariat général au Plan en France [2].

Si toutes ces tendances se confirmaient et s'amplifiaient, comme il y a tout lieu de le croire, les associations seraient alors bien placées pour contrôler en partie la production d'un capital que les entreprises estiment actuellement plus déterminant que le capital fixe ou financier. Or la formation par l'association, ce sont aussi des valeurs, une certaine conception du lien social et des rapports entre les individus, une certaine éthique, etc. On ne saurait être indifférent à ce qui s'apparente à une forme de prise de pouvoir en douceur, en amont de tout le processus économique, sur la plus « chère » de ses ressources.

UN NOUVEAU RAPPORT DE FORCE

D'ailleurs, cette éthique influe de plus en plus sur le comportement des entreprises. Le combat porté par les associations, les mouvements de citoyens et les ONG, pour le respect de l'environnement, la préservation des ressources naturelles, le développement « soutenable », ou encore pour des normes minimales dans les conditions de

---

1. Elle figure en bonne place dans le programme de « Troisième voie » au Royaume-Uni (*cf.* Anthony Giddens, *op. cit.*).

2. Jean Boissonnat, *Le Travail dans vingt ans*, Paris, Éditions Odile Jacob/La Documentation française, 1995.

travail (comme le travail des enfants) et la santé publique, a été nettement plus vif et même virulent au cours des dernières années. Il commence légitimement à porter ses fruits. Les entreprises, à la mesure de leur puissance, sont aujourd'hui comptables de la nature et des conditions de production devant leur opinion publique et leurs représentants naturels que sont les associations. Associations qui ont fait la démonstration de leur force et accumulé les succès au plan international. On se souvient de la victoire inattendue des associations qui, Internet aidant, ont réussi à mobiliser l'opinion publique internationale contre le puissant chimiste américain Monsanto, contraint à l'abandon du projet « Terminator » de stérilisation des semences [1]. Ce succès a fait réfléchir et a servi de leçon. Les pressions, mais aussi les coopérations, se sont multipliées, et de grandes multinationales comme la Shell ou Unilever publient désormais des bilans environnementaux et sociaux. En France, la campagne « Éthique sur étiquette », lancée en 1995 par un collectif d'associations, interpelle les entreprises sur les droits de l'homme au travail. De grands distributeurs comme Auchan y ont été sensibles et ont élaboré un code de bonne conduite qui oriente leur politique d'achat à travers le monde. En fait, comme le résume une consultante, les entreprises ont de moins en moins le choix : « Si l'entreprise est tentée de s'engager dans l'action d'intérêt collectif, c'est qu'elle y est pour ainsi dire contrainte par le renversement des rapports de force [...]. On découvre que les ONG et les lobbies de l'action sociale ou du développement durable sont beaucoup plus vigoureux, beaucoup plus remuants que les États, souvent soucieux de ne pas décourager les créateurs de richesses. Le couple ONG-médias est autrement plus incontrôlable qu'une bonne vieille administra-

1. Tout est parti d'une modeste association canadienne (Rural advancement foundation international) qui faisait de la veille sur les biotechnologies et a alerté ses réseaux dans le monde entier.

tion publique. La société civile demande des comptes à l'entreprise, laquelle encourt un risque mortel de boycott ou de dénigrement si elle se dérobe[1]. »

La contrainte est en l'occurrence salutaire, car les entreprises qui ont joué la carte de la proximité avec la société civile et ses porte-parole, en se lançant notamment dans l'investissement « éthique », n'ont en général pas à le regretter. D'une part, leur image de marque en bénéficie, d'autre part les actionnaires attentifs à cette image sont enclins à leur accorder une préférence, sans parler des fonds spécialisés dans l'investissement éthique ou dans l'épargne solidaire. Même au cœur du capitalisme international et du marché, l'indice Dow Jones a récemment intégré, avec le *sustainability index*, un indicateur de développement durable. Le label vert ou humanitaire fait vendre[2]. Mais au-delà de la récupération commerciale (et après tout pourquoi pas ?), c'est peut-être un nouveau rapport de forces qui est en train de s'installer avec une société civile qui, par associations interposées, prend conscience de son pouvoir, plus exactement qu'elle est le pouvoir, y compris dans les grands choix économiques.

DE L'OFFRE À LA DEMANDE

Plus près du terrain et du quotidien, les associations prennent aussi une importance grandissante en matière de consommation. À côté des associations de consommateurs elles-mêmes, il ne faut pas oublier que toute association est en fin de compte une association de consommateurs spécialisés qui socialise, sélectionne, commande, prescrit, etc. À l'évidence, plus il y a d'associations, plus se renforce le pouvoir du consommateur, d'autant qu'Internet leur facilite le

1. Jacques Barraux, « Entreprise et bien commun. L'essor d'un mécénat de solidarité », *Les Échos*, 19 avril 2000.
2. Voir le succès de la revue américaine *Business Ethics*.

travail en faisant office d'association d'associations. On a (vite) dit qu'avec le réseau et le commerce en ligne, permettant des mises en concurrence instantanées, le consommateur averti prendrait le pouvoir sur le producteur. Si le consommateur ne prend pas le pouvoir, il reprend incontestablement du pouvoir, et il est par exemple rare qu'un vice de fabrication ne fasse pas rapidement grand bruit sur le Net qui fonctionne comme un réseau d'alerte. Des constructeurs automobiles comme Ford en ont fait l'amère expérience.

Le rôle des associations n'est cependant pas uniquement critique, elles socialisent des besoins et favorisent aussi la diffusion de nouveaux biens comme le micro-ordinateur ou la « pilule ». Plus ces besoins seront de l'ordre des services immatériels et relationnels, et plus les associations en seront des acteurs directs, en produisant elles-mêmes ce lien et ces services, en même temps que des relais incontournables, en étant des prescripteurs directs de matériel qui y sont liés, comme les jeux ou les logiciels éducatifs par exemple. Plus l'offre sera abondante, plus les produits seront sophistiqués, plus ils seront liés à la *production* de l'individu et aux usages sociaux, plus les associations formelles ou informelles seront un passage obligé. Nombre d'entreprises l'ont bien compris et « associent », en amont de la conception des produits, des associations de futurs utilisateurs, sorte de coproduction de l'offre et de la demande où le consommateur se fait *consomm'acteur*[1]. Dans une société opulente, dominée par la production immatérielle où le consommateur est à la fois expert et membre de nombreux réseaux, le rapport classique[2] de l'offre à la demande pourrait bien s'inverser en faveur de

1. Robert Rochefort, *Le Consommateur entrepreneur*, Paris, Éditions Odile Jacob, 1997.

2. Selon « la loi des débouchés » théorisée par Jean-Baptiste Say, *Traité d'économie politique* (1803), Paris, Calmann-Lévy, 1972.

cette dernière. Autre changement du rapport de force. Après tout, il s'agirait ni plus ni moins que de remettre l'économie « sur ses pieds ».

Enfin, plus proches des nouveaux besoins sociaux dont elles favorisent l'émergence, les associations anticipent souvent sur les futures créations d'entreprises. Bien des start-up, dont la plus ancienne et la plus célèbre est certainement Microsoft, sont issues de réseaux et de projets associatifs qui passent au stade de la commercialisation et se lancent sur le marché. Les associations permettent de rôder un concept, une idée, et de tester un marché, comme l'a fait en son temps le club Méditerranée dans le secteur des vacances. Dans bien des domaines, l'association précède l'entreprise et impulse toute une dynamique qui peut aller jusqu'à la grande multinationale.

Des associations peuvent aussi se regrouper dans le but explicite de créer des entreprises et de favoriser l'insertion professionnelle de jeunes entrepreneurs. C'est le cas du collectif « Synergies » qui regroupe dix-neuf grands réseaux associatifs, dont l'ambition est de mettre le pied à l'étrier de porteurs de projets d'entreprise. Sur base locale, réunissant acteurs locaux, associations et entreprises, ils mobilisent des fonds pour allouer des prêts à taux zéro, parrainer et conseiller les créateurs, assurer le suivi technique de l'entreprise naissante, etc. Il faudrait aussi évoquer les cas où les associations préfèrent conserver leur statut et leur fonction originale, pour simplement filialiser des activités essentiellement commerciales en créant des entreprises *ad hoc*. Là encore, il s'agit plus de complémentarité que d'opposition ou de concurrence entre deux mondes qui ne peuvent décidément plus s'ignorer.

DU MÉCÉNAT AU PARTENARIAT

Pour toutes ces raisons, on ne peut plus parler de mécénat au sens habituel pour désigner les relations entre les entreprises et les associations. On voit bien qu'on est là ni dans un mécénat aux allures de patronage, ni dans le sponsoring de grandes manifestations de prestige. Le mécénat change d'objet, il change d'échelle, il change de nature. Il devient partenariat.

Les enquêtes[1] confirment que le « mécénat », d'abord culturel, s'est élargi et qu'il investit tout particulièrement les secteurs de la *production* de l'individu : l'éducation, la santé, l'action sociale. Il a également changé d'échelle en se rapprochant, partout en Europe, du modèle anglo-saxon de puissantes fondations d'entreprises ou d'institutions[2], qui font la médiation entre associations et entreprises, tout en bénéficiant de régimes fiscaux plus favorables. Mais il a surtout changé de nature. Dans les rapports entreprises/associations, on peut aujourd'hui se demander qui profite de qui ? Ou qui instrumentalise qui ? Autant de questions qui signifient que les rapports se sont équilibrés, notamment parce que les associations sont en position beaucoup plus centrales dans le processus productif. En extrapolant un peu, on peut même se demander si, mieux organisées et moyennant quelques réformes[3], elles ne le contrôleraient pas. Quand on produit en amont la plus grande part du capital qui fait la vraie richesse d'une entreprise, quand on oriente, au nom de l'éthique et des valeurs, ses grands investissements, et quand on téléguide en aval le sort de telle ou

1. « Les perspectives de l'engagement des entreprises dans les actions d'intérêt général », *Fondation de France/Infoscopie*, avril 2000.

2. Comme la Fondation de France, l'ADMICAL (Association pour le développement du mécénat industriel et commercial) ou l'Institut du mécénat humanitaire.

3. Voir chapitre suivant.

telle consommation, on fait plus que peser sur l'ensemble du dispositif, on n'est pas nécessairement très loin de le contrôler... C'est pourquoi, il me semble que l'on n'est pas forcément éloigné d'un nouveau mode de régulation économique, où la société (civile), par associations interposées, investit les entreprises et non le contraire, et reprend enfin ses droits légitimes sur l'orientation et la production de l'économique.

L'ASSOCIATION DANS L'ENTREPRISE

L'association n'investit pas seulement l'entreprise par l'extérieur, mais aussi de l'intérieur, par la diffusion du lien et des relations d'association dans l'entreprise. Tout se passe en effet comme si l'entreprise se rapprochait progressivement d'un mode de fonctionnement « associatif ». L'entreprise est de plus en plus conçue comme un réseau gérant des flux d'information, comme une organisation plus horizontale, avec un aplatissement de la ligne hiérarchique, des relations plus libres, plus directes, une meilleure écoute, des décisions plus collectives, une plus grande attention aux conditions de travail, etc. Certes toutes les entreprises n'entrent pas dans cette catégorie, mais le mouvement de fond va bien dans ce sens parce qu'il est synonyme de performance. Les discours sur le nouveau management qui, dès les années 1970, avaient en commun de répéter qu'un salarié respecté et heureux était plus impliqué et plus productif, commencent à entrer dans les faits. Pourquoi aujourd'hui plutôt qu'hier ?

D'un côté, la société civile et donc le lien d'association débordent sur l'entreprise : le lien social vécu hors travail ne reste plus à la porte de l'entreprise. De l'autre, la prédominance du capital humain dans les ressources productives transforme les relations. On ne peut demander une forte implication de la personne et la mise en œuvre de compétences personnelles, sans lui témoigner en retour de considération. On ne peut ordonner et exiger de la créativité, de l'imagination, ni même la décider par contrat. On ne peut que créer les conditions les plus favorables à leur épanouissement. Plus que jamais le contrat est formel et ne peut prévoir, décrire ou prescrire des relations de ce type, il doit être souple, adaptable et révisable, en fonction de l'évolution de rapports qui ne peuvent bien fonctionner que sur le mode de l'association. L'effacement du travail purement prescrit, interchangeable et subordonné, au profit d'un travail individualisé, plus libre, plus autonome, plus volontaire et donc fondé sur la confiance [1], entraîne une relation plus égalitaire entre les individus. En un mot, l'individu n'est plus un simple subordonné, de moins en moins un salarié parmi d'autres, et de plus en plus un *associé*. Cette extension du lien d'association à l'entreprise et sa reconfiguration sur ce modèle n'ont d'ailleurs pas échappé à la sagacité des ténors américains du management. Dernièrement, les émules de Peter Drucker, tôt engagé dans cette voie [2], ont publié leurs réflexions qui par bien des aspects apparaissent comme un véritable hymne à l'entreprise-association [3]. Ainsi, Charles Handy écrit en conclusion : « Les nouvelles organisations doivent être envisagées comme des schèmes de relations, comme une *association* en perpétuelle évolution de particules (les hommes) et d'ondes (les échanges) [...] Les salariés entretiendront avec leur entreprise des relations fondées sur une appartenance négociée et librement consentie, comme les adhérents d'une *association* ou d'un club [4]. »

1. On a pu dire, avec la part d'excès propre à toute formule, que le contrat était fondé sur la défiance et l'association sur la confiance. Gilles Le Cardinal, Jean-François Guyonnet, Bruno Pouzoullic, *La Dynamique de la confiance*, Paris, Dunod, 1997.

2. Peter Drucker, *Postcapitalist Society*, Oxford, Butterworth-Heinemann, 1993.

3. *L'Entreprise de demain (The Organization of the Future 1997)*, Fondation Drucker, Paris, Village mondial, 1998.

4. *Ibid.*

Cette évolution qui se dessine a une contrepartie : la fragilité des statuts et la précarisation des moins qualifiés. C'est une raison supplémentaire pour créer ce pôle associatif de stabilité et de formation (au sens large), afin de compenser une flexibilité, vécue positivement par les plus compétents (entreprise unipersonnelle, multiactivité, multipartenariat), mais stressante pour les plus démunis de qualifications.

ASSOCIATION ET PARTICIPATION

Ces glissements vers l'association se sont récemment concrétisés avec l'essor de l'actionnariat salarié [1] qui illustre une forme particulièrement délicate d'association, celle du capital et du travail. Si l'individu est de plus en plus considéré comme un capital en soi, participant de l'efficacité globale du capital de l'entreprise, il est logique qu'il en partage les résultats et les bénéfices de manière équitable, ce qui est loin d'être encore le cas. Pour l'instant la participation au capital (qu'on ne saurait confondre avec la pleine association) reste limitée et permet surtout à l'entreprise d'éviter d'augmenter trop vite sa masse salariale, de fidéliser et d'impliquer ses salariés [2], tout en renforçant la stabilité de son actionnariat. Mais comme pour le lien d'association dans l'entreprise, ce qui importe ici d'observer, c'est le processus engagé plus que ses résultats immédiats. Comme le dit Raymond Soubie : « Cette question [l'actionnariat salarié] pose en fait le problème du pouvoir. Lorsque la part du

1. Selon l'association pour le partenariat économique, la France ne serait pas si mal placée puisqu'on y compterait entre 20 et 25 % de salariés associés au capital de leur entreprise contre 6 % en Allemagne, et de 30 à 40 % aux États-Unis. Selon d'autres sources, la participation en France serait plus proche de 15 %. Voir Jean Chérioux, *L'Actionnariat salarié : vers un véritable partenariat dans l'entreprise*, Rapport d'information, Sénat, 1999.

2. Selon l'indice d'actionnariat salarié (sociétés dont un quart du personnel détient au moins 3 % du capital), ces entreprises progresseraient plus rapidement que les autres.

capital détenu par les salariés est inférieure à 3 %, la question du pouvoir ne se pose pas vraiment [...]. En revanche, lorsque cette part approche ou dépasse les 10 %, ils deviennent de fait collectivement un actionnaire de référence[1]. » Pouvoir éventuel d'autant plus puissant que les salariés-actionnaires (demain actionnaires-salariés ?) se sont dans la plupart des entreprises constitués eux-mêmes en... associations, ce qui, à défaut de pouvoir, leur permet d'accroître leur influence et leur pression sur les décisions qui les concernent. À travers cette forme encore balbutiante d'association entre capital et travail, se joue l'évolution du statut de salarié vers celui d'associé et donc la question de la démocratie dans l'entreprise, c'est-à-dire, d'une possible « société de partenaires[2] », qui la rapproche un peu plus du fonctionnement en association.

« UNE VIEILLE IDÉE FRANÇAISE »

L'idée d'une « société » d'associés, qui progresse aujourd'hui lentement dans les faits et plus rapidement dans les esprits, n'est pourtant pas nouvelle. En France, le thème de la participation est généralement associé au gaullisme, qui voulait en faire l'axe central de son projet politique, lequel donnera effectivement lieu à différents textes de loi[3], mais d'envergure très modeste au regard de l'ambition initiale. On a en revanche oublié que le projet gaullien, dans son intention du moins, reposait à l'origine sur une conception proprement révolutionnaire de l'association, comme mode

1. Raymond Soubie, « La création de valeur ne va pas sans partage », *Outlook*, Andersen Consulting, vol. XII, juin 2000.
2. Selon l'expression du Centre des jeunes dirigeants (CJD), *L'Entreprise au XXe siècle*, Paris, Flammarion, 1996.
3. Notamment l'ordonnance du 7 janvier 1959 (instituant un système contractuel d'*association* ou d'intéressement des travailleurs à l'entreprise), le fameux amendement Vallon du 12 juillet 1965, et l'ordonnance du 17 août 1967. Voir « Intéressement et participation des salariés, historique des textes », Éditions du *Juris-Classeur*, 1995.

de gestion économique, mais aussi de relation sociale entre les individus et finalement comme système politique d'ensemble. S'appuyant sur des hommes comme Louis Vallon, syndicaliste formé à la SFIO [1], et René Capitant, « Rousseauiste, apôtre enflammé des grands principes de 1789 [2] », de Gaulle affirmera à plusieurs reprises sa vision de l'association comme nouveau stade de l'Histoire : « Le libéralisme tel qu'on le voyait avant-hier est devenu une chose inconcevable et insupportable dans l'état présent de la société. Le communisme est une solution écrasante, effroyable pour le peuple, c'est une solution qui démolit tout [...]. Ni le vieux libéralisme, ni le communisme écrasant. Autre chose. Quelque chose de simple, de digne et de pratique, qui est l'association. C'est une vieille idée française [3]. » En effet, cette vieille idée associationniste qui avait tôt nourri son inspiration, de Gaulle l'avait puisée dans le socialisme « utopique » du XIXe siècle et aussi chez Charles Péguy, Albert de Mun, et plus largement dans la doctrine sociale de l'Église exposée dans l'encyclique *Rerum novarum* (1891) du pape Léon XIII.

Les maigres résultats, au regard de la puissance visionnaire et de la volonté gaullienne [4] de faire triompher l'association, s'expliquent bien sûr par la conjoncture politique : les forces de droite ne cesseront d'y opposer si ce n'est leur veto du moins leur inertie, la gauche ne sera pas favorable à la participation vue comme une machine de guerre antisyndicale, et se méfiera des relents corporatistes de l'asso-

1. Section française de l'Internationale ouvrière.

2. Selon Patrick Samuel, « Les fondements historiques de la participation », *in Participation : le défi du partage, Une certaine idée*, n° 6, 4e trimestre 1999.

3. Discours du 31 août 1949. Cité par Patrick Samuel, *ibid.*

4. De Gaulle y reviendra une dernière fois dans un entretien télévisé le 7 juin 1968 : « Il y a une troisième solution autre que le capitalisme et le communisme : c'est la participation qui, elle, change la condition de l'homme au milieu de la civilisation moderne. »

ciation. Mais, plus globalement, la conjoncture historique de l'après-guerre n'est pas mûre pour qu'une telle vision de la société puisse être vraiment soutenue et partagée. Elle est à proprement parler encore « utopique ».

L'ÉCONOMIE DU LIEN

La question se pose très différemment aujourd'hui où l'association rencontre de fait la réalité, même si elle est encore loin d'être cette réalité. Dans le domaine économique, l'association n'est plus seulement une philosophie politique ou une expression philanthropique, mais une nécessité à la fois éthique et économique, pour gagner en productivité et améliorer la performance d'une économie de plus en plus centrée sur la *production* de l'individu lui-même, comme j'ai essayé de le montrer. Pour le résumer d'une phrase, on pourrait dire que l'association est à l'économie du lien ce que le contrat a été à l'économie du bien [1]. Il est en effet très possible ici de défendre une analyse de type marxiste dans laquelle de nouvelles forces productives, en l'occurrence la *production* de l'individu, entraînent tôt ou tard de nouveaux rapports de production, c'est-à-dire le passage du contrat qui a surtout servi à légitimer la raison du plus fort, à l'association qui suppose égalité et liberté, et dont le contrat est alors la consécration formelle [2].

On peut lui préférer une explication différente, plus weberienne [3], prenant plus de recul historique, par laquelle

---

1. Bernard Cova, *Au-delà du marché : quand le lien importe plus que le bien*, Paris, L'Harmattan, 1995.

2. Karl Marx avait bien perçu une telle évolution lorsqu'il écrivait dans *L'Idéologie allemande* : « C'est seulement avec la suspension de la division du travail et la régulation de l'économie par l'association volontaire des individus qu'ils retrouveront une communauté d'intérêt et par conséquent, *ipso facto*, la communauté humaine. »

3. « L'esprit du capitalisme existait sans nul doute avant que ne se développe l'ordre capitaliste » (Max Weber, *L'Éthique protestante et l'esprit du capitalisme*, Paris, Plon, 1964).

l'économie n'étant qu'une modalité du lien social, y compris dans son appauvrissement ou sa négation contractuelle, c'est la transformation en profondeur du lien social, dans l'épaisseur de la vie quotidienne, qui conduit à celle de l'économie. Dépassant progressivement l'individualisme contractualiste, c'est la poussée du lien social d'association dans toutes les sphères de la société qui finit par s'infiltrer là où le contrat est réputé le plus fort, au cœur de l'entreprise. On ne voit partout que le triomphe de l'économie, là où il faut aussi voir la transformation de sa nature et de son fonctionnement. En ce sens, c'est moins l'économie qui pénètre le lien social, parce qu'elle n'est qu'une modalité de ce lien, que le lien social d'aujourd'hui qui envahit l'économie et bouscule les vieilles structures.

De la même manière que la naissance de l'individu a précédé le marché et la société de marché l'économie de marché, l'individu relationnel et le lien d'association précèdent l'organisation associative et son économie. Tel est du moins le mouvement et le cheminement d'un lien social qui, de Rousseau aux associationnistes du XIXe siècle, en passant par le gaullisme visionnaire des origines, trouve enfin les conditions historiques et socio-économiques de sa réalisation. Ce qui en fait, à mon sens, la grande question politique, la grande question posée au politique, c'est-à-dire à chacun.

Chapitre VIII

UN LIEN POLITIQUE

On a souvent insisté sur le rôle politique des associations : formation de l'opinion, « école de la démocratie », expression directe des citoyens et de la citoyenneté, etc. Mais ce rôle a toujours été secondaire face à la « vraie » politique, celle des professionnels de la politique qui ont exercé leur tutelle sur les associations, ne leur laissant généralement qu'un strapontin consultatif et local, ou une fonction de contre-pouvoir. Ce qui est loin d'être négligeable mais n'est plus à la hauteur de leur impact social et économique. Non seulement les associations vont peser de plus en plus lourd dans le processus de décision politique, comme on le constate tous les jours notamment au plan international, mais elles vont aussi profondément renouveler le « genre » politique aujourd'hui usé et discrédité. Discrédit qui tient moins au contenu du contrat qu'à l'usure du contrat lui-même, de ses procédures et de ses modalités. En ce sens, l'*associationnisme*, figure politique de l'association, est moins une nouvelle « idéologie » politique, que la réévaluation de ce qu'est *le* politique en ce nouvel âge du lien social, face à l'image en partie dépassée qu'en donne *la* politique.

Que le lien d'association puisse transformer la nature du politique et le système des pouvoirs, tout autant que le lien social contractuel, ne faisait pas de doute pour les premiers socialistes du XIXe siècle. Ce socialisme *associationniste*[1] qui avait très tôt pressenti les impasses respectives du libéralisme comme du socialisme prétendument scientifique, qui l'a finalement relégué dans l'ombre de l'histoire, éclaire à nouveau sous bien des aspects notre actualité. Mais aujourd'hui son « utopie[2] » est devenue beaucoup plus concrète, beaucoup plus en phase avec la dynamique socio-économique, même si le chemin qui va du lien civil à sa représentation politique est long et suppose bien des réformes pour la réaliser.

Qu'est-ce que l'associationnisme[3] ?

LA RÉVOLUTION INACHEVÉE

Le plaidoyer associationniste en France (Saint-Simon, Fourier, Proudhon, Leroux, etc.) comme en Angleterre (Godwin, Owen) ou en Allemagne (Hess, Weitling) est loin d'être monolithique et de faire « système ». Sa relative unité est faite d'un même constat et d'inspirations communes. C'est ce qui importe ici.

Le constat est celui de l'échec de la Révolution française, ou de son dévoiement, et en tout cas de son inachève-

---

1. Dominique Desanti, *Les Socialistes de l'utopie*, Paris, Payot, 1970 et Jacqueline Russ, *Le Socialisme utopique français*, Paris, Bordas, 1988.

2. « Socialisme utopique » est une expression de Marx qui en dénonce le « romantisme » et « l'irréalisme ». Ce « label » contribuera à discréditer un socialisme à la française en cours de réhabilitation aujourd'hui.

3. Il ne s'agit ici que de l'associationnisme politique, et non de l'exploration de ce qui est un *paradigme* en soi qui s'impose de plus en plus dans le monde scientifique, par différence avec un rationalisme étroit, une causalité mécanique ou le décryptage d'un contrat qu'il soit naturel ou social.

ment[1]. Constat aveuglant sur le terrain social, où la misère est le lot du plus grand nombre avec une condition ouvrière d'autant plus dure et soumise que plus aucun corps intermédiaire ne la protége. On est bien loin des grands principes de liberté et d'égalité ou, plus exactement, comme le dit Pierre Leroux (1797-1871) : « Entre l'égalité considérée comme un fait et l'égalité considérée comme un principe, il y a autant de distance qu'entre la terre et le ciel[2]. » Liberté et égalité ne se décrètent pas par un contrat. La Révolution s'est fourvoyée dans une philosophie politique rationaliste et individualiste centrée sur un contrat[3] (« règne des légistes et des métaphysiciens » selon Saint-Simon) qui ne garantit d'aucun résultat. Pour que la liberté et l'égalité existent, et mieux encore pour qu'elles *coexistent*, il y faut un troisième principe qui est celui de l'association précisément, ce que les saint-simoniens comme Leroux traduiront aussi par la notion de fraternité, qui doit présider le triptyque républicain. Seule l'association permet l'alchimie démocratique de la liberté et de l'égalité, c'est là une conception fondamentale commune aux associationnistes. La liberté seule conduit aux excès de l'individualisme et du libéralisme, et l'égalitarisme sans liberté mène au « socialisme absolu ». Leroux qui, le premier (avec Robert Owen), a forgé le terme de socialisme, écrit : « Le socialisme absolu n'est pas moins abominable que l'individualisme absolu. » L'association-

1. Comme l'écrit Pierre Rosanvallon, *op. cit.* : « Les vrais héritiers de Smith, ce sont Godwin, Proudhon, Fourier, Bakounine, Saint-Simon, Marx. L'ensemble des grands thèmes de l'idéologie économique du XVIIIe se retrouve à la fois incorporé et transposé dans les idées socialistes du XIXe. »

2. Pierre Leroux, *De l'égalité* (1838), Genève, Éditions Slatkine, 1996. Voir aussi *Pierre Leroux, à la source perdue du socialisme français*, Anthologie établie et présentée par Bruno Viard, Paris, Desclée de Brouwer, 1997.

3. Pour Pierre Leroux : « La société n'est pas le résultat d'un contrat. Par cela seul que des hommes existent et ont entre eux des rapports, la société existe » (*De l'individualisme et du socialisme*, 1845).

nisme est bien la recherche d'une authentique « troisième voie », non pas comme on le dira plus tard sur le mode social-démocrate ou social-libéral, « entre » mais « au-delà » de l'individualisme et du communautarisme, au-delà du libéralisme et du socialisme.

LA DÉMOCRATIE ÉCONOMIQUE

Le principe commun étant posé, comment le réaliser ? Déclarations solennelles et contrats ayant échoué, c'est dans la relation quotidienne, dans le lien social que peuvent se manifester l'association et ses vertus attendues. Le quotidien, autant dire le travail puisque : « La France est devenue une grande manufacture et la nation française un grand atelier » selon Saint-Simon (1760-1825 [1]). L'industrialisme est désormais la nouvelle religion du monde moderne et suppose la coopération de tous. L'association, qui n'implique d'ailleurs pas une stricte égalité aux yeux de Saint-Simon, est simplement la forme d'organisation la plus efficace, à laquelle tout le monde a intérêt sauf les oisifs et ceux qui vivent de leurs rentes. Pierre Joseph Proudhon (1809-1865) est, on le sait, plus radical puisqu'il plaide à la fois pour l'abolition de la propriété, pour des échanges réciproques et mutuels et donc égalitaires qui se substituent aux échanges monétaires [2]. Dans cette perspective qui met plus en avant la « question sociale », l'association est *a fortiori* fondatrice d'un nouveau régime social et économique : « L'association libre, celle qui se borne à maintenir l'égalité dans les moyens de production, et l'équivalence dans les échanges, est la seule forme de

1. Saint-Simon, *L'Industrie*, 1817-1818. Voir Pierre Musso, *Saint-Simon et le saint-simonisme*, Paris, Presses universitaires de France, 1999 et Sébastien Charléty, *Histoire du saint-simonisme (1825-1864)*, Paris, Denoël-Gonthier, coll. « Médiations », 1965.

2. Pierre Ansart, *Naissance de l'anarchisme. Esquisse d'une explication sociologique du proudhonisme*, Paris, Presses universitaires de France, 1970.

société possible, la seule juste, la seule vraie[1]. » Charles Fourier[2] (1772-1837) ancre plus le principe d'association dans une conception originale de la « psychologie » et dans « l'attraction des passions » dont il suffit de trouver la bonne formule (mathématique) pour former des associations harmonieuses (ou phalanstères).

Tous se retrouvent sur un point essentiel, l'association est la seule vraie forme de démocratie et celle-ci n'a de consistance que dans la production conjointe de l'économie de la société, c'est-à-dire des conditions d'existence de chacun. La démocratie *est* économique ou elle n'est pas, comme l'économie *est* politique ou la politique *est* économique. La politique ne peut-être que la consécration et la formalisation de l'auto-organisation de la société comme association des associations des individus, c'est-à-dire des travailleurs. « Ce que nous mettons à la place du gouvernement, c'est l'organisation industrielle », écrit Proudhon. Quant à Saint-Simon, il jugeait que des chambres économiques feraient avantageusement office de chambres parlementaires qui pourraient être composées d'une « chambre d'invention » (ingénieurs, écrivains, artistes), d'une « chambre d'examen » (mathématiciens, physiciens), et d'une « chambre d'exécution » (chefs d'entreprises industrielles, agricoles ou commerciales).

LE LIEN UNIVERSEL

Enfin, autre conviction partagée, la portée *universelle* de l'association. Pratiquement tous évoquent l'objectif de « l'association universelle », à commencer par Saint-Simon qui y voit le meilleur moyen de coopérer, de réunir les peuples et d'accomplir la promesse de prospérité qu'an-

1. Pierre Joseph Proudhon, *Qu'est-ce que la propriété ?* (1840), Paris, Garnier-Flammarion, 1966.

2. Charles Fourier, *Œuvres complètes*, Paris, Anthropos, 1966-1968. Voir Patrick Tacussel, *Charles Fourier, le jeu des passions*, Paris, Desclée de Brouwer, 2000.

nonce le « nouveau monde industriel[1] ». Symboliquement, son intérêt pour les communications, les transports, et tout ce qui ressemble (déjà) à une « mise en réseau », témoigne de son espoir de voir se réaliser une « mondialisation » par l'association. Dans cette perspective, ses disciples à travers le mouvement des polytechniciens entameront toute une série de grands projets, comme le percement du canal de Suez (Prosper Enfantin puis Ferdinand de Lesseps), ou en projetteront la réalisation, avec par exemple la conception d'un tunnel sous la Manche (Michel Chevalier). Proudhon est plus « politique » et toujours plus radical : l'association est le *seul* lien universel possible face à un marché qui n'est que l'addition des égoïsmes individuels et à des États autoritaires toujours enclins au communautarisme et aux excès nationalistes. D'où son apologie du fédéralisme[2] aux accents nettement prémonitoires lorsqu'il insiste sur l'importance du fait régional, et imagine une « Europe confédérale » avec « marché commun », « budget communautaire », « liberté de circulation et de résidence des personnes », etc. Tout cela étant vu comme la superposition d'associations d'associations, seule structure ouverte et démocratique dont le lien se transmet de la base au sommet et non l'inverse.

Au total, en retrouvant l'idéal révolutionnaire des origines, les défenseurs de l'associationnisme ont perçu avec beaucoup d'acuité l'originalité du lien d'association, sa portée globale, et sa capacité à transformer tout à la fois la réalité sociale, économique et politique. Malgré sa pertinence, qui apparaît encore plus clairement aujourd'hui face à la déroute du « socialisme absolu », de l'impasse du libéralisme et des dangers permanents d'une « réaction » communautariste, l'associationnisme n'a jamais triomphé. Il n'a jamais triomphé si l'on excepte le très court « moment » de

1. Saint-Simon, *Du système industriel*, 1821.
2. Jean Bancal, *Le Fédéralisme proudhonien*, Paris, 1971.

1848 incarné par la commission du Luxembourg[1]. En revanche, il a beaucoup essaimé à travers la « deuxième gauche » et le courant autogestionnaire notamment et a progressé souterrainement dans les profondeurs du lien social. Il me semble qu'au-delà des incalculables circonstances historiques, les causes structurelles de son échec d'hier sont devenues aujourd'hui celles-là mêmes qui laissent augurer si ce n'est de son succès, tout au moins d'une nouvelle avancée.

UNE AUTRE HISTOIRE

L'échec politique principal du socialisme associationniste porte évidemment sur la question de la transition vers le lien d'association. C'est peu dire que la société qui sort de l'Ancien Régime n'y est pas prête, que les mentalités n'y sont pas préparées, et que les distances sociales sont telles que d'authentiques relations d'association entre égaux, dégagées des corporatismes, sont si ce n'est inconcevables, du moins irréalistes. Comme le note sèchement Alexis de Tocqueville : « Entre le maître et l'ouvrier, les rapports sont fréquents, mais il n'y a pas d'association véritable[2]. » Les socialistes associationnistes butent sur le même écueil que les révolutionnaires de 1789 qu'ils prétendent dépasser : le lien social ne se décrète pas et le succès de l'association suppose autant les sentiments d'égalité et de liberté qu'elle ne les réalise. Marx, pour qui l'association (« les producteurs associés ») n'est pas un point de départ mais d'arrivée, après un long détour par le pouvoir d'une nouvelle classe et un État fort, aura beau jeu de railler la naïveté de l'utopie associationniste. Pour justifier le bien-fondé de leur croisade associationniste, la plupart de ses représentants (Saint-

1. Voir les actes du colloque du Palais du Luxembourg : « 1998 : l'actualité de 1848. Économie et solidarité » et particulièrement Philippe Chanial « 1848/1898/1998 : l'association est-elle une politique ? », *Revue du Mauss*, 2e semestre 2000.
2. Alexis de Tocqueville, *op. cit.*

Simon et Leroux notamment) s'en remettent à la mystique d'un « nouveau christianisme [1] », et d'un monde de fraternité et de solidarité [2] dont l'association sera le bras séculier. Proudhon, à l'inverse, se défie de ce nouveau messianisme et de cette mystique « fraternitaire [3] », carrément sectaire chez les « disciples » saint-simoniens, et de son esprit communautaire qu'il estime contraire à la libre association d'individus. En cela, il reste sans doute le plus moderne des associationnistes, si l'on admet que son « anarchisme » est avant tout un anti-communautarisme, fût-il national.

L'autre grande raison de l'échec politique de l'associationnisme tient au niveau de développement de l'économie de l'époque. Dans une période d'intense accumulation du capital matériel, de nécessaire division du travail autour de l'opposition entre travail manuel et intellectuel, de profonds clivages sociaux et culturels, l'association est hors de portée et sans aucun doute contre-productive du point de vue de cette économie. Tout juste peut-on en espérer une « solidarité organique » exposée par un Durkheim inspiré de Saint-Simon [4], où chacun reste à sa place.

1. Saint-Simon, *Le Nouveau Christianisme*, 1825.

2. La solidarité est une version à peine laïcisée de la charité qui a progressivement détourné le sens originaire de l'association faite de liberté et d'égalité et non de « redistribution », d'assistance et de bonne volonté à l'égard de ceux qui restent stigmatisés comme des déshérités. Le *solidarisme* du radical Léon Bourgeois (1851-1925) en donnera une version politique avec un programme fondé sur l'attribution de minima sociaux. La perception de l'association porte encore aujourd'hui l'empreinte de cette vision minimaliste.

3. La « fraternité » est une pétition de principe qu'on peut toujours affirmer, non une forme d'organisation sociale, telle l'association. La fraternité a aussi indéniablement, même symboliquement, des relents communautaires, ceux des liens de sang. Là où il y a des frères, il y a le plus souvent des non-frères et des faux frères. L'association est fondée sur la libre « élection » et n'implique nullement la fraternité.

4. Olivier Perru, « Le concept d'association et l'unité politique : étude critique chez Saint-Simon, Fourier et Marx », *Philosophiques*, n° 26/1, printemps 1999 et Émile Durkheim, *Le Socialisme* (1928), Paris, Presses universitaires de France, coll. « Quadrige », 1992.

Ces raisons annoncées d'un échec politique se sont progressivement retournées positivement. En effet, nul besoin aujourd'hui d'un messianisme, d'espérances ou de révélations mystiques, ni même de longue transition vers l'association. Dans la relation « privée » qui gagne la société civile, l'association est moins un horizon qu'une forme de vécu. La diffusion en profondeur du lien d'association et de ses valeurs offre un terrain autrement favorable à une représentation associationniste de la société, et donc à une parole publique et politique qui l'accompagne et l'accomplisse. En ce sens, Proudhon était assez lucide pour écrire que « les vraies révolutions durent des siècles ».

De même l'association d'aujourd'hui, pour les diverses raisons indiquées, serait désormais plutôt la condition de la performance économique globale que l'effet du seul volontarisme social. Enfin, passées les exclusives révolutionnaires et les solutions uniques, l'association s'affirme plutôt aujourd'hui sous forme de complémentarité montante par rapport au marché, au contrat et aux communautés et non comme leur substitut.

Si la voie semble beaucoup plus ouverte pour que le lien social d'association qui traverse la société civile trouve sa traduction politique dans l'associationnisme, certaines réformes, dans « l'air du temps » depuis quelques années, en activeraient le processus.

Lignes d'action

L'action politique pour promouvoir l'associationnisme se heurte notamment à deux grands obstacles. D'un côté, l'hétérogénéité des acteurs associatifs et l'inertie des grandes structures. De l'autre, le peu d'empressement des pouvoirs publics à aider des contre-pouvoirs à s'organiser en pouvoirs autonomes, d'autant plus dangereux qu'ils prétendent donner un visage à la société civile et tendent à incarner une autre forme de légitimité politique.

SE RÉFORMER SOI-MÊME

Les exigences du lien d'association sont fortes et les organisations associatives peinent parfois à les satisfaire. Les petites associations peuvent être tentées par des modèles plus communautaires et, sans pour autant céder à la clôture et à l'enfermement communautariste, se refusent à s'associer avec d'autres. D'où une relative fragmentation du milieu associatif préjudiciable à la formation d'intérêts collectifs et à leur représentation publique. Ces réticences et méfiances des petites associations se justifient par l'excès inverse, propre aux grandes structures, qui tirent parfois vers un modèle d'organisation de type contractualiste. Contrat prédéfini, faible expression des adhérents, démocratie incertaine, bureaucratisation, etc., sont des héritages des anciennes grandes fédérations de type pyramidal qui tardent à jouer le jeu des réseaux horizontaux. Comme l'écrit Martine Barthélemy : « On observe dans nombre de groupements, les phénomènes bien connus de faible renouvellement et de notabilisation des responsables (qui cumulent les mandats), de la routinisation et du relâchement des pratiques démocratiques (notamment par crainte du conflit), de l'augmentation de la distance sociale entre l'élite dirigeante et la base[1]. »

En même temps, on constate que ce qui pouvait passer pour une pratique « ordinaire », due à la pesanteur des liens sociaux traditionnels et au mimétisme avec les administrations ou avec les entreprises, est aujourd'hui sévèrement critiqué. Les organisations qui ne jouent pas pleinement le jeu de l'association subissent aujourd'hui une hémorragie

1. Martine Barthélemy, *Associations : un nouvel âge de la participation ?* Paris, Presses de Sciences Po, 2000.

de leurs effectifs qui les font réfléchir. Avec la fin de la « guerre des religions » entre grandes mouvances associatives, leur regroupement sur des bases plus sectorielles et professionnelles, et surtout la poussée du lien d'association à la base, les dirigeants des grandes structures font leur autocritique [1] et changent de pratiques.

L'ASSOCIATION CITOYENNE

Tout en restant dans le cadre très libéral de la loi de 1901 qui n'impose de fait aucune forme particulière de démocratie, un statut reconnaissant mieux la valeur citoyenne des associations et des actions qu'elles entreprennent favoriserait les évolutions en cours. Ce statut que j'ai proposé de dénommer « statut d'utilité économique et sociale [2] » pourrait être fondé sur un certain nombre de critères comme la pratique démocratique, la transparence financière, la composition des ressources, l'ouverture sur l'extérieur, les services rendus à la collectivité ou la capacité à s'associer en réseaux (etc.), qui sont après tout des principes dont toute organisation associative peut (ou devrait) approcher. Il serait assorti de droits particuliers dans les relations avec les collectivités publiques, l'accès aux financements, les facilités fiscales, le régime des dons, le statut des participants, etc. Une telle initiative des pouvoirs

1. Le secrétaire général de la Ligue de l'enseignement déclarait ainsi : « Nous devons aussi faire notre autocritique. On a critiqué les partis et les syndicats. Mais la vie associative s'est aussi déqualifiée. »

2. Un statut « d'utilité sociale » a été réclamé depuis fort longtemps par nombre d'associations, par le Conseil national de la vie associative (CNVA), par le Conseil économique et social, etc. Compte tenu du poids des associations dans l'économie au sens large, ce *label* me paraît mieux adapté à la situation présente et au dépassement du clivage entre le « social » et « l'économique » (*La Richesse des hommes, op. cit.*). Ce statut n'est pas éloigné de la notion de *secondary associations* des Anglo-Saxons, d'associations ouvertes sur le public, contribuant au bien commun, préservées *a priori* des particularismes et des dérives communautaristes, comme de la soumission aux règles du marché. Voir Joshua Cohen, Joel Rogers éd., *Associations and Democracy*, Londres, New York, Verso, 1999.

publics[1], attendue par la majorité des associations ouvertes sur le public, est devenue indispensable compte tenu de leur rôle croissant de « service public » par le public, de l'importance des moyens en jeu et des garanties à offrir. Elle donnerait en outre une certaine unité à ce type d'associations, favoriserait leur auto-organisation et leur constitution en authentiques partenaires sociaux (et non en simples organes consultatifs) dans les secteurs stratégiques de la santé, de l'éducation, de la formation, de l'environnement, de la culture et des loisirs, etc. En un mot elle contribuerait à la naissance d'un véritable acteur politique. Dans cette perspective, on peut comprendre qu'aucun parti politique, en dépit des multiples discours rituels sur les mérites irremplaçables de la vie associative, ne se soit précipité.

LE MEILLEUR DE L'EUROPE

Un tel statut devrait bénéficier d'une reconnaissance de la communauté européenne, et pourrait faire avancer le débat sur l'adoption d'un statut européen des associations[2], aujourd'hui enlisé dans les difficultés d'harmonisation des droits nationaux. Pourtant, de plus en plus nombreuses sont les associations transnationales qui préfigurent ce que pourrait être une citoyenneté européenne, non réductible à une représentation politique distante, et encore moins à un vaste marché commun.

L'association européenne gagnerait beaucoup à s'inspirer de ce qui fait la force de chaque dispositif national et tenter dans une certaine mesure de les rendre compatibles. En reprenant la typologie proposée par Edith Archambault[3]

---

1. Plusieurs projets de loi sur le sujet, émanant de diverses sensibilités politiques, ont été déposés sur le bureau de l'Assemblée nationale et attendent toujours de passer en lecture.

2. Il existe déjà un Comité européen des associations d'intérêt général (CEDAG).

3. Edith Archambault, *op. cit.*

autour des modèles rhénan, anglo-saxon, scandinave ou méditerranéen, on peut recenser quelques traits fondamentaux. Du modèle « rhénan » (Allemagne, Autriche, Suisse), il faut retenir la puissance des organisations proches d'un service public, d'autant plus que s'y applique le principe de subsidiarité qui met en première ligne des associations disposant ainsi de ressources publiques conséquentes, et aussi l'importance de grandes fondations. Du modèle anglo-saxon (Royaume-Uni, Irlande), il faut reprendre la place sociale accordée au « volontariat », l'indépendance du secteur associatif régulé par de « hautes autorités » (Charity Commission et Charities Aid Foundation au Royaume-Uni, Independant Sector aux États-Unis), et aussi l'importance des Fondations dans le financement des associations. Compte tenu du développement rapide des rapports entreprises/associations et du rôle médiateur des fondations dans les grands secteurs d'intervention, on peut souhaiter que ces dernières soient soutenues par l'État et régies également par des commissions pluripartites indépendantes. Du modèle scandinave, il faut souligner également l'importance de la participation et du partenariat avec les pouvoirs publics, et enfin du modèle méditerranéen, plus enraciné dans des traditions communautaires, un certain sens de la solidarité. Se trouvant à peu près à la confluence de ces différents modèles, la France a une responsabilité particulière dans la promotion d'actions et de mesures qui donnent les meilleures chances à l'association de se rapprocher d'un modèle plus universel.

DU BÉNÉVOLAT AU VOLONTARIAT

Un statut pour ce type d'association ne suffit pas. Il y faut aussi un statut pour la personne, pour le participant, ce qui est plus rarement proposé. Le seul bénévolat, acte gratuit de bonne volonté qui n'offre aucune sorte de garantie et *a fortiori* de statut, est insuffisant face à l'ampleur des investissements dans les associations, aux technicités requises, à l'ouverture à toutes les couches de la population, au besoin de reconnaissance et d'identité que beaucoup ne trouvent pas dans le travail classique, ou qu'ils n'y trouvent que par défaut. Entre salariat et bénévolat, le statut du *volontariat* viendrait combler un vide, notamment pour ceux qui exercent une sorte de deuxième métier [1]. Le plus important réside sans doute dans la reconnaissance symbolique par la collectivité de ce « don » de la personne qui y met souvent le meilleur d'elle-même. On ne peut à la fois louer toutes les qualités d'un secteur qui mobilise plus d'individus que le travail professionnel dans les entreprises ou les administrations, et dont on reconnaît aujourd'hui la valeur sur la formation, le lien social, l'action sociale et la « production » de l'individu – que les entreprises elles-mêmes reconnaissent comme des déterminants de leur propre productivité et de la performance globale – et le traiter comme une sorte d'armée de l'ombre composée d'anonymes méritants. Nous n'en sommes plus aux « bonnes œuvres » d'hier et au soulagement des consciences. Le *tiers* secteur, dont le terme est à lui seul un jugement de valeur, est un secteur à part entière [2].

En conséquence, le statut du volontaire devrait ouvrir des droits sociaux (droits à la retraite, minima sociaux, etc.) et diverses formes d'avantages comme des droits complémentaires à congé rémunéré, des réductions fiscales, des indemnisations calculées au prorata du temps investi et des revenus, etc. Pour abonder ces ressources, pourrait s'y

---

1. Dan Ferrand-Bechman, *Le Métier de bénévole*, Paris, Anthropos, 2000.

2. Il est étonnant que l'on ait lancé de grandes campagnes de réhabilitation et de valorisation des entreprises sans en faire au moins autant pour les associations. Tout aussi étonnant que l'on ne réfléchisse pas plus aux aides publiques dont l'attribution aux entreprises et aux associations ne se compare même pas...

ajouter une monnaie particulière, non spéculative et non thésaurisable, celle des échanges réciproques dont l'unité de compte serait le temps passé. Une telle monnaie, à l'instar de l'euro pour le marché européen, peut démultiplier les échanges et être très fédératrice pour un secteur en quête d'une plus forte identité. Les mécanismes n'en sont pas évidents, toutefois la multiplication et le succès croissant des monnaies parallèles [1] fondant leur valeur sur le temps humain, et l'existence de fait de monnaies plurielles (chèques vacances, etc.), constituent autant d'expérimentations en grandeur nature qui ouvrent la voie.

Le statut du volontariat pourrait aussi agréger nombre d'initiatives aujourd'hui dispersées qui bénéficient de la redistribution sociale. Que ce soit les diverses formes de services volontaires ou services civils pour les jeunes [2], ou différentes formes d'emplois aidés (type CES) qui trouveraient là un statut général facilitant l'extension à tous ceux qui le souhaitent, indépendamment des âges ou des milieux sociaux. Utile par lui-même, un tel statut peut aussi compenser la flexibilité croissante du travail, les aléas de la conjoncture économique et éviter les formes extrêmes de précarité, de solitude et de désespoir de ceux qui se ressentent comme « inutiles au monde ». Sans prétendre être *la* solution, le chômage involontaire pourrait au moins céder la place à l'engagement volontaire.

Enfin, la préparation de la participation à la vie associative devrait entrer de plein droit dans le cursus éducatif, dès le plus jeune âge. Les associations sont déjà des acteurs éducatifs majeurs à la frontière du scolaire et de l'extra-sco-

1. On trouve ce genre de monnaie dans de très nombreux pays, depuis les « Lets » canadiens et britanniques, le « Time dollar » américain, les banques du temps italiennes ou les « Sel » français.

2. Il existe déjà un Service volontaire européen (SVE) pour les jeunes âgés de 18 à 25 ans qui peut être la préfiguration d'un statut d'une tout autre ampleur.

laire, dont le rôle s'est accru avec l'aménagement des rythmes scolaires et la prise en compte de la pluralité des sources d'apprentissage dans et hors l'école. On pourrait aller plus loin en développant les « associations juniors », comme on le fait avec les conseils municipaux d'enfants, qui permettent tout à la fois d'expérimenter le lien d'association, son organisation et son expression politique. De l'avis de tous, cela vaut bien des enseignements. C'est la raison pour laquelle, pas supplémentaire, il faudrait évaluer, reconnaître et valider les compétences acquises dans les associations et les intégrer dans le dossier scolaire. Dossier scolaire qui prendrait alors des allures de « portefeuille de compétences », à charge pour chacun de le faire fructifier tout au long de la vie. Un tel dispositif donnerait en tout cas une réalité à la formation permanente, dès le début de la vie, en intégrant très tôt l'apport spécifique des associations.

LA REPRÉSENTATION DE LA SOCIÉTÉ CIVILE

Si ces associations d'intérêt général disposaient d'un statut commun, nul doute qu'il leur serait plus facile de se fédérer mais aussi de renforcer leur représentativité au-delà de simples coordinations, et de mieux faire entendre leurs voix. L'enceinte « politique » propre à cette expression plus puissante et plus représentative est toute trouvée puisque dans la plupart des pays existe, sous diverses variantes, un Conseil économique et social, et même un Comité économique et social au niveau européen [1]. Mais il faudrait en revoir la composition et les attributions.

---

1. Le Comité économique et social européen est (comme ailleurs) un organe purement consultatif, composé de 222 conseillers représentant les organisations d'employeurs et de travailleurs, le milieu agricole, celui des PME, des professions libérales, les milieux coopératifs et mutualistes, et enfin des associations et ONG à caractère social.

Dans le cas français, la place des associations dans cette troisième chambre parlementaire, selon la Constitution, est dérisoire. Sur les 231 membres qui composent cette assemblée, 6 seulement interviennent au nom des associations. Outre la nomination discrétionnaire de personnalités qualifiées, la représentation est essentiellement syndicale. Ce qui pose au moins deux problèmes. Passe encore que la représentation économique soit uniquement à base professionnelle (contrairement à l'élargissement actuel du champ de l'économie, comme j'ai essayé de l'indiquer), mais la représentation dite « sociale » ne peut être quasiment monopolisée par les seuls syndicats. Le monde professionnel, avec toutes les difficultés qu'il rencontre pour se représenter lui-même, ne peut plus aujourd'hui prétendre à lui seul représenter le monde social et la société civile. De ce point de vue, le terme de « partenaires sociaux » est tout à fait abusif puisque statutairement et par leurs origines historiques, les syndicats ne peuvent être composés que sur base strictement professionnelle et corporative. Les syndicats pourraient très bien évoluer vers un statut plus strictement associatif, ce qui eu égard à la transformation du lien social peut paraître souhaitable, mais ils renonceraient alors à certains privilèges [1]. L'autre problème réitérant, sur lequel il est inutile d'insister mais qu'on ne peut indéfiniment éluder, est celui de la représentativité des syndicats. On ne peut demander à la société civile et tout particulièrement aux associations de s'auto-organiser, de faire la preuve de leur influence et de leur représentativité, et en exonérer ceux qui sont les plus en vue, notamment au sein du Conseil économique et social. Il faut en tout cas

1. À la différence des associations, les syndicats ne peuvent se former que sur la base de la défense d'intérêts professionnels. En revanche, ils disposent de facilités juridiques et leurs ressources et emplois ne sont pas limités (« Le contrat d'association », *Lamy Associations*, septembre 1998).

rompre avec l'héritage d'un passé où le « social » était réduit au monde du travail et rééquilibrer les composantes de cette assemblée. D'autant plus que de nombreuses voix s'élèvent pour regretter son rôle mineur et sa faible « visibilité », à l'heure où la démocratie cherche des canaux d'expression plus en phase avec l'évolution du lien social.

On avait déjà imaginé dans le passé que ce type d'assemblée proposant une autre forme de représentation politique, plus proche des questions quotidiennes et plus susceptible de créer de l'identification et donc de la participation, pouvait détrôner le Sénat et même s'y substituer, devenant ainsi la deuxième chambre du Parlement. Sans remonter à Saint-Simon, Pierre Rosanvallon [1] rappelle que dès 1894, l'abbé Lemire (1853-1928) avait proposé qu'une chambre à composition professionnelle remplace le Sénat. Plus près de nous, c'est un projet semblable sur le fond que le général de Gaulle a en tête. De Gaulle, avec la Constitution de 1958, élargit les prérogatives de l'ancien Conseil économique créé en 1925 sur le modèle allemand de la République de Weimar (1919), et institue le Conseil économique et social. Son intérêt pour cette assemblée rejoint naturellement sa volonté de promouvoir l'association et la participation, voire la démocratie participative, en donnant un porte-voix socio-économique à la représentation nationale. Son intention s'était clairement affirmée dès 1948 dans ses allocutions : « Mais les activités françaises étant ainsi rendues cohérentes par l'association, leurs représentations pourraient et devraient être incorporées à l'État. Quelle importance prendrait alors un Conseil de la République où elles siégeraient en même temps que les représentations des assemblées locales ! D'autre part, de quelle utilité seraient les contacts établis entre les délégués de ces mêmes activités et leurs pairs et compagnons d'autres nations du

1. Pierre Rosanvallon, *op. cit.*

monde[1] ! » En 1964, il tente à nouveau de « réformer » le Sénat au profit du Conseil économique et social. On sait que c'est finalement sur un projet voisin, au dispositif complexe intégrant la régionalisation, qu'il échouera dans le contexte peu propice d'un référendum[2] plébiscite, après les événements de 1968.

LA CHAMBRE DES ASSOCIATIONS

La montée de la société civile et de ses manifestations qu'accompagne la centralité de la question économique et sociale d'un côté, et le large consensus autour de l'archaïsme de l'institution sénatoriale de l'autre, remettent ces projets au goût du jour. Outre la nécessaire représentation des associations qui devraient au moins être à parité avec les représentants syndicaux, il est tout à fait possible de programmer dans le temps la montée en puissance progressive d'une telle Assemblée économique et sociale, sorte de grande « Chambre des associations[3] ». De simple organe consultatif produisant des rapports de qualité, rarement pris en compte, on peut aller vers l'expertise et la formulation systématiques d'avis sur un nombre croissant de projets gouvernementaux, jusqu'à la formulation autonome de projets obligatoirement inscrits à l'ordre du jour de l'Assemblée nationale. L'associationnisme trouverait là une inscription institutionnelle et politique qui lui fait aujourd'hui défaut.

Il est remarquable qu'un même mouvement se dessine au plan des institutions internationales jusqu'ici régies par des rapports d'État à État, que les associations, par leur caractère transnational unique, pourraient grandement contribuer à rendre enfin mondiales. Ainsi, face à la montée

---

1. Discours de Saint-Étienne, 4 janvier 1948.
2. Référendum du 27 avril 1969 sur la création des régions et la rénovation du Sénat.
3. Les syndicats étant une forme particulière d'association.

d'une « internationale » de la société civile, Boutros Boutros Ghali, ancien secrétaire général des Nations-Unies, avait-il proposé la création d'une grande Assemblée composée essentiellement d'ONG, disposant d'un droit de saisine sur le Conseil de sécurité. Son successeur, Kofi Annan, déclare dans la même ligne que l'ONU doit être « un pont entre la société civile et les gouvernements ». Joignant l'action à la parole, il a ainsi lancé au niveau mondial ce que j'ai appelé une « nouvelle alliance », entre les grandes multinationales et les associations, à travers le programme « Global Compact » où elles se sont entendues sur une charte des droits de l'homme, de l'environnement, de la lutte contre la pauvreté et la maladie. Incontestablement, l'associationnisme, qui est par nature un universalisme, s'impose au plan international, et dessine progressivement ce que pourraient être des formes de représentation et des institutions mondiales dépassant les cadres nationaux de la démocratie. Face aux républiques vieillies et aux démocraties fatiguées, le renouveau nous vient à la fois du fond du lien entre les individus et de l'ouverture d'une scène mondiale, improvisant de nouveaux modes de régulation face à une conscience collective qui bouscule les frontières.

La démocratie continue [1]

Au-delà des effets d'affichage et de la transposition dans les institutions du lien social d'association, sa diffusion dans la société civile nous permet de mieux comprendre la désaffection vis-à-vis du politique, et d'entrevoir ce que peut être sa régénération.

1. *La démocratie continue.* Actes du colloque de Montpellier, sous la direction de Dominique Rousseau, Paris, LGDJ, 1995.

LES LIMITES D'UN PROCÈS

La cause, ou plus exactement, les causes de cette désaffection semblent entendues et les griefs dûment répertoriés. Citons pêle-mêle : les mœurs politiques et la corruption, les pratiques du pouvoir et la régression démocratique, les intérêts particuliers précédant l'intérêt général, et plus fondamentalement, le non-respect des promesses électorales et la désinvolture [1] à l'égard du contrat censé lier les politiques à leurs concitoyens. En bref, le politique ne remplirait pas son *contrat*. Tout cela semble vrai et doit en même temps être relativisé. S'il est vrai que les affaires de corruption (en Italie, en Allemagne, en France, par exemple) défrayent la chronique, c'est plutôt la chronique qu'on en fait qui est nouvelle que la corruption. Celle-ci est même beaucoup mieux contrôlée au regard des passe-droits d'hier dont on s'accommodait sans rien dire. S'il est vrai que la démocratie pourrait avoir un tout autre visage, en même temps elle s'est approfondie au niveau local, au niveau de l'information et même de l'écoute de l'opinion, puisque l'on reproche plutôt au politique son suivisme et une dérive vers la démocratie d'opinion. S'il semble également que le contrat politique ne soit jamais honoré, sur le temps long, la critique paraît excessive et même injuste dans la plupart des domaines économiques et même sociaux. En réalité, nous sommes victimes d'une illusion d'optique : c'est moins le politique qui manquerait à tous ses devoirs que notre regard, notre conception et nos exigences à l'égard du politique et de la démocratie qui ont changé. Notre perception du lien social et politique s'accommode moins facilement des privilèges. Si notre regard a pu ainsi évoluer, cela veut aussi dire que le politique y a

1. Rappelons cette phrase mémorable d'un « routier » de la politique : « Les promesses électorales n'engagent que ceux qui les croient. »

contribué à sa façon et n'a pas tant démérité, mais qu'il a certainement touché aux limites de ce que pouvait apporter une démocratie représentative classique, dans le cadre d'une république nationale. La politique, encore une fois sur la longue durée, n'a pas été dépourvue d'hommes et de femmes exemplaires, elle a beaucoup moins failli qu'on veut bien le dire, et chacun, chaque profession, pourrait toujours utilement faire son examen de conscience [1]. On dira que tout cela ne change rien au malaise, ni au fossé creusé avec la société civile, ni à la « fracture politique » qui redoublerait la fracture sociale. Certes, mais si cela ne change rien au diagnostic, cela change tout quand il s'agit de l'expliquer. L'explication n'est plus alors conjoncturelle ou liée à un certain type de politique ou de personnel politique, mais structurelle. Elle ne vise plus seulement *la* politique mais *le* politique, c'est-à-dire une certaine conception du lien social ou, comme on le dit, de « l'être ensemble » et, partant, de la démocratie.

LE REPRÉSENTANT ET LE REPRÉSENTÉ

Autrement dit, c'est moins la mise en question du contenu du contrat et de son respect qui me semble en jeu, que l'idée même que le et la politique seraient avant tout l'objet d'un contrat. C'est cette tradition contractualiste, issue d'une certaine interprétation du Contrat social, qui est aujourd'hui dépassée. C'est le très profond décalage entre un lien vécu et voulu sous forme d'association et la représentation symbolique du lien politique qui me paraît provoquer la crise de sa légitimité. Tout contrat suppose deux parties bien distinctes. Dans le domaine politique, cela se traduit par un profond clivage, voire une rupture, entre une société civile *et* un monde politique, un monde social *et* une classe politique,

1. Il reste qu'il est évidemment insupportable que ceux qui votent les lois et les font appliquer puissent parfois se croire au-dessus de la loi commune, alors que leur mission leur commande un devoir d'exemplarité.

un représentant *et* un « représenté ». En un mot, alors que la société, bon an mal an, devient plus solidaire et plus égalitaire dans les esprits, même si on est loin de l'association dans les faits, il resterait une grande division sociale : entre le politique d'un côté et les autres, entre une classe particulière issue d'élections de moins en moins significatives, détenant le monopole de la représentation et le reste de la société. Une classe particulière, sorte de *nomenklatura* dont la profession serait de représenter les autres. Si cela a pu fonctionner au nom d'un rationalisme éclairé et d'une communauté de destin *incarnée* par une minorité, on sent bien qu'il s'agit d'une autre époque et que, mis à part quelques personnages charismatiques ravivant plutôt des sentiments communautaires et nationaux, la représentation politique est de plus en plus contestée. Ainsi, en France, un électeur sur quatre seulement a le sentiment d'être bien représenté par un parti politique, et un sur cinq par un leader politique[1]. Pour le dire vite, aujourd'hui plus personne ne peut prétendre « représenter » qui que ce soit, *a fortiori* sur tous les sujets, de manière permanente et à titre professionnel. Le processus d'individualisation, l'égalisation des conditions, la complexité des questions notamment, n'autorisent plus cette fiction. La représentation, pourtant indispensable à la décision politique, ne peut se concevoir qu'à travers toute une série de délégations pour une durée limitée et sur des sujets circonscrits. Le paradoxe de la crise de la représentation aujourd'hui est qu'elle exige une nouvelle démultiplication et une continuité *des* représentations.

LA REPRÉSENTATION DE LA SOCIÉTÉ CIVILE

Tout processus de représentation politique suppose en effet une société représentable. Tel fut le cas de la société de classes, organisée autour d'une grande opposition centrale structurant le champ politique, donnant sens à une projec-

1. Sofres 27-28 septembre 2000.

tion et à une adhésion à la droite ou à la gauche. La fin des grandes promesses idéologiques et surtout une déliaison sociale conduisant à une véritable « société d'individus » ont balayé cette représentation du politique. Or, une pure société d'individus n'est pas représentable si ce n'est, comme l'avaient pensé les révolutionnaires de 1789, dans le phantasme communautaire (et souvent totalitaire) de son unité, d'un grand Tout. Une représentation démocratique est moins celle d'individus que d'intérêts, d'aspirations, d'idées, d'espoirs qui s'agrégent dans des groupes et des organisations dont les individus se sentent partie prenante. Aujourd'hui, avec la fin des corps intermédiaires au parfum d'Ancien Régime, quels sont les collectifs qui peuvent susciter cette agrégation et ces regroupements en dehors des associations ? Seules les associations (incluant les associations syndicales), et à condition qu'elles s'organisent, sont susceptibles de donner une certaine représentation de la société et de ses enjeux majeurs actuels (santé, éducation, type de développement, environnement, etc.) sur laquelle peut se greffer une représentation proprement politique. Dans la réalité, c'est bien déjà ce que l'on observe à petite échelle dans l'élaboration de la législation sociale (*cf. supra*).

LE MARCHÉ POLITIQUE

L'autre limite évidente d'une représentation contractualiste du politique tient au rapport de l'offre à la demande, ou plus exactement à la faiblesse de ce rapport. On sait que le marché donne une illustration exemplaire de ce rapport. Dans une société individualiste de marché, c'est moins l'offre qui répond à la demande que l'inverse comme l'avaient bien vu les néoclassiques, dépassant la fable de l'ajustement miraculeux par la « main invisible[1] ». Le marché n'est nullement la liberté de contracter entre deux

1. Sur la « loi » de l'offre, voir Jean-Baptiste Say, *op. cit.*

parties égales, il est du côté de l'offre, c'est-à-dire des pouvoirs organisés, des « producteurs » d'autant plus puissants qu'ils sont en nombre limité. Aussi, comme le rappelle justement René Passet, le marché n'a t-il jamais été moins libéral qu'aujourd'hui [1]. L'offre conditionne sa demande et celle-ci est pour l'essentiel une réaction passive à cette offre et non un « libre choix ».

La formation du bien public reproduit un schéma similaire, et en ce sens on a raison de parler d'un marché politique ou d'une américanisation des mœurs politiques. Le pouvoir est d'abord celui de sélectionner les « élites », de se coopter, de s'assurer du monopole de présentation et de représentation, de former une puissante communauté d'intérêts à partir d'un même creuset, souvent d'une même culture, d'une même origine et d'une même formation. La sélection précède et détermine l'élection. Ainsi parmi les élus à l'Assemblée nationale en France, on compte 41 % de fonctionnaires qui représentent 5 % de la population en âge de voter, contre 18 % de cadres qui, eux, représentent pourtant 34 % de cette même population. La sociologie des élus nationaux n'est nullement représentative de la sociologie du corps électoral du pays. Quant aux techniques employées pour conditionner l'opinion, on sait depuis longtemps [2] qu'elles n'ont rien à envier aux recettes les plus éprouvées du marketing. Dans ces conditions d'imposition de l'offre politique, et compte tenu d'un public de plus en plus averti et autonome dans ses choix, on ne peut s'étonner que le phénomène politique majeur de ces dernières années soit moins la recomposition politique que sa décomposition,

---

1. « Qu'est-ce que ce "libéralisme" dans lequel une centaine de nouveaux "maîtres du monde", grands seigneurs de transnationales, dominent la planète ? », écrit René Passet, *L'Illusion néo-libérale*, Paris, Fayard, 2000.

2. Roger-Gérard Schwartzenberg, *L'État spectacle*, Paris, Flammarion, 1977.

signifiée par des taux d'abstention records qui traduisent moins l'indifférence que le rejet. La question de l'expression de la demande politique est évidemment un préalable pour envisager un quelconque renouveau.

LA BASE DE LA DÉMOCRATIE

Par son affirmation et par la mise à distance d'une vision essentiellement contractualiste des rapports sociaux et du politique, le lien d'association nous ramène finalement aux origines de la démocratie. Plus le principe d'association s'étend et plus la démocratie représentative apparaît pour ce qu'elle est : une « petite » démocratie, une forme inachevée et très réductrice de l'idéal démocratique. On se souvient que la tradition rousseauiste est plus radicale puisque la démocratie représentative est une contradiction dans les termes. Le peuple ne peut être représenté que par lui-même. Cette tension traversera ce moment fondateur de la Révolution qui justifiera par la force des choses (c'est-à-dire en fonction de l'état du lien social) un pur régime de représentation quitte à dénier l'origine de son inspiration. La formulation de l'abbé Sieyès est à cet égard révélatrice : « Les citoyens qui se nomment des représentants doivent renoncer à faire eux-mêmes la loi ; ils n'ont pas de volonté particulière à imposer. S'ils dictaient des volontés, la France ne serait plus cet État représentatif ; ce serait un État démocratique. Le peuple dans un pays qui n'est pas une démocratie (et la France ne saurait l'être) ne peut parler, ne peut agir que par ses représentants. » Dans sa conception originaire, la démocratie ne saurait en effet être représentative, elle ne peut être que l'auto-organisation de la société par elle-même autour des valeurs fondatrices de liberté et d'égalité, c'est-à-dire une libre association. En cela, bien avant d'être une forme de régime politique, la démocratie est un régime du lien social qui se confond avec le politique. Le lien social *est* politique et il ne saurait y avoir de coupure entre la société civile et le politique. Dans cette perspective, il est tout bonnement impossible de parler de démocratie si celle-ci ne s'exerce pas à la base, dans les liens et les espaces du quotidien. C'est ce qu'avaient bien vu les premiers socialistes dits « associationnistes » pour lesquels seul le lien d'association pouvait traduire la vraie démocratie, loin des formules creuses et ampoulées de *la* politique. La démocratie doit nécessairement s'exercer « à la base » puisqu'en bonne démocratie, il ne saurait y avoir ni base ni sommet. C'est dans cette contradiction que s'est débattue la Révolution. Nous n'en sommes justement plus là. Nous sommes même dans une situation diamétralement opposée puisque aujourd'hui c'est plus à la « base », dans la profondeur sociale du lien individuel, que se manifeste l'association démocratique qu'au sommet ! Ce sont les diverses formes de « représentation » de la société, et tout particulièrement la représentation politique, qui retardent sur l'évolution du lien social. En un sens, il faut l'envisager positivement, car le lien d'association commence déjà à sécréter ses propres formes politiques de représentation.

LE PROCESSUS ET LA PROCÉDURE

Si l'association est d'abord un lien substantiel, elle n'interdit pas son organisation et donc des formes de représentation, mais suivant une procédure qui se doit d'être la plus démocratique possible[1]. Dans cette procédure, le suf-

---

1. Une fois encore la procédure démocratique ne peut être réduite à une simple procédure juridique, à une norme contractuelle ; elle présuppose, selon les mots de Jürgen Habermas, une communication, une entente : « À la différence de la norme procédurale juridique de la liberté contractuelle, adaptée uniquement à la liberté d'agir de façon arbitraire et qui doit assurer une justice procédurale pure, ce sont ici à la fois des processus d'entente qui entrent en interaction avec des processus de convention, et des procédures juridiques avec des procédures de "discussion", de telle sorte que seule une justice procédurale "incomplète" est garantie » (*L'Intégration républicaine*, Paris, Fayard, 1998).

frage, l'élection et la représentation ne sont que le bout extrême d'une longue chaîne, non le centre, encore moins un maillon isolé, et ne peuvent avoir de valeur que si précisément cette chaîne est respectée. Cette longue chaîne part de la définition des questions, de l'information de chacun, des dialogues préalables, de la compréhension mutuelle, de la négociation, de la délibération et enfin des conclusions, c'est-à-dire de la reformulation des questions avant un vote éventuel. À la limite, le processus démocratique réussi est celui d'où ressort un consensus qui n'impose pas le recours au vote. Inutile de voter si l'on est d'accord, et si l'on vote il y faut un minimum d'accord. Il faut rappeler que les Grecs eux-mêmes se défiaient des procédures de vote souvent propices à la démagogie, aux abus de la majorité et à la division sociale [1]. La démocratie devait être faite d'une grande association entre pairs, c'est-à-dire de beaucoup de *demos* et du moins possible de *kratos* (pouvoir) qu'ils s'entendaient d'ailleurs à limiter par une représentation issue du tirage au sort, et par le principe de la rotation des charges publiques entre les citoyens.

Sans aller jusque-là, la procédure d'association aux différents niveaux de représentation, en ouvrant de nombreux espaces publics, peut au moins laisser espérer que la démocratie sera plus perçue comme la réponse à la question du : « Quelle est notre volonté ? » plutôt qu'à celle du : « Qu'allons-nous choisir [2] ? » Plus comme le résultat d'une entente pour s'accorder et formuler une demande que comme la soumission à une offre et à un contrat dans lesquels plus personne ne se reconnaît. À tout le moins, les associations par leur propre association peuvent-elles construire démo-

1. Nicole Loraux, *La Cité divisée*, Paris, Payot, 1997 et Sylvain Allemand, « La démocratie : une idée simple et un problème », *Sciences humaines*, n° 81, mars 1998.
2. Benjamin Barber, *op. cit.*

cratiquement une société civile « présentable » et « représentable ».

LE CONTRAT D'ASSOCIATION

Dans cette perspective, que reste-t-il de *la* politique au sens habituel et quel peut être son objet ? Sûrement de constituer d'abord cet « État facilitateur » qui permet au lien d'association de s'exprimer et de s'institutionnaliser dans des conditions et selon des procédures qui correspondent à sa nature démocratique. Le politique devrait surtout être le garant de la bonne représentation du lien d'association, rejoignant à nouveau la conception originaire du *Contrat social* selon Jean-Jacques Rousseau dont il faut ici rappeler les termes : « Il n'y a qu'un contrat dans l'État, c'est celui de l'association et celui-là en exclut tout autre [1]. » En ce sens, la fonction politique dans une démocratie évoluée, retrouvant là aussi ses racines, pourrait progresser vers l'exercice d'un grand magistère chargé certes de dire la loi et de la faire appliquer, mais à partir de propositions résultant de délibérations démocratiques et de la recherche d'un consensus portées par les représentants de la société civile. Il s'agit « tout simplement » de retrouver le « bon sens » d'une démocratie inversée dans les siècles passés par la suprématie de la représentation et du seul contrat. La moralisation de la politique y trouverait son compte et les mandats plus précis, sans être impératifs, pourraient alors être mieux distribués entre les citoyens. On voit d'ailleurs que progresse rapidement dans l'opinion l'idée d'un mandat unique à renouvellement limité. Il y a plus que la simple idée d'un renouvellement de la vie politique et d'une meilleure répartition des mandats ; s'y exprime aussi le refus d'un monopole de la représentation, de l'existence d'une corporation professionnelle qui produit nécessaire-

1. Jean-Jacques Rousseau, *op. cit.*

ment ses propres intérêts, à commencer par l'obsession de demeurer l'éternel représentant des autres. La politique est une mission publique à partager entre le plus grand nombre, non une profession réservée à des « initiés ». À cet égard, la définition aristotélicienne de la démocratie comme « l'art de gouverner autant que d'être gouverné » paraît indépassable [1]. Tocqueville ne pouvait manquer d'en reprendre le principe à sa manière : « Je maintiens que le moyen le plus efficace sinon le seul d'intéresser les hommes au bien-être de leur pays est de les faire participer au gouvernement. »

La montée en puissance du lien d'association face aux liens communautaires et contractuels nous fait avancer sur le chemin d'une démocratie plus accomplie. Parce qu'il s'agit du lien démocratique par excellence qui embrasse la vie individuelle, anime de plus en plus la vie sociale, pénètre dans l'entreprise et façonne une nouvelle représentation du politique, nous approchons sans doute de ce que pourrait être une sorte de démocratie continue. La diffusion en profondeur du lien d'association permet enfin de donner une vraie chance et une consistance au contrat social de liberté et d'égalité des origines, qui avait rêvé l'association sans jamais pouvoir la réaliser. Il faut la saisir.

1. Dans le même esprit, Cornélius Castoriadis écrivait : « L'objet de la politique, c'est de créer des institutions qui, intériorisées par les individus, facilitent le plus possible leur accession à leur autonomie individuelle et leur possibilité de participation effective à tout pouvoir explicite existant dans la société » (*Fait et à faire. Les Carrefours du labyrinthe*, t. V, Paris, Le Seuil, 1997).

BIBLIOGRAPHIE

ADAMS Douglas, *Guide du routard galactique*, Paris, Denoël, 1990.

AGULHON Maurice, *1848 ou l'apprentissage de la République*, Paris, Le Seuil, 1973.

ANSART Pierre, *Naissance de l'anarchisme. Esquisse d'une explication sociologique du proudhonisme*, Paris, Presses universitaires de France, 1970.

ARCHAMBAULT Édith, *Le Secteur sans but lucratif*, Paris, Economica, 1996.

ARIÈS Philippe et DUBY Georges (dir.), *Histoire de la vie privée, De la Renaissance aux Lumières*, t. III, Paris, Le Seuil, 1986.

AZNAR Guy, *La Fin des années chômage*, Paris, Syros, 1999.

AZNAR Guy, CAILLÉ Alain, LAVILLE Jean-Louis, ROBIN Jacques, SUE Roger, *Vers une économie plurielle*, Paris, Syros, 1997.

BADIE Bertrand, *Un monde sans souveraineté*, Paris, Fayard, 1999.

BANCAL Jean, *Le Fédéralisme proudhonien*, Paris, 1971.

BARBER Benjamin, *Démocratie forte*, Paris, Desclée de Brouwer, 1997.

BARBER Benjamin, *Djihad versus Mc World*, Paris, Desclée de Brouwer, 1996.

BARKER Ernest, *Social Contract, Essays by Locke, Hume and Rousseau*, Londres, The World's Classics, 511, 1947.

BARTHÉLEMY Martine, *Associations : un nouvel âge de la participation ?* Paris, Presses de Sciences Po, 2000.

BASTARD Benoît, CARDIA-VONÈCHE Laura, EME Bernard, NEYRAND Gérard, *Reconstruire les liens familiaux*, Paris, Syros, 1996.

BAUDELOT Christian, ESTABLET Roger, *Allez les filles*, Paris, Le Seuil, 1992.

BAUDRILLARD Jean, *La Société de consommation, ses mythes, ses structures*, Paris, Denoël, 1970.

BAUDRILLARD Jean, *Pour une critique de l'économie politique du signe*, Paris, Gallimard, 1972.

BÉRIOT Louis, *Le Bazar de la solidarité*, Paris, Lattès, 1985.

BÉROUD Sophie, MOURIAUX René (sous la dir.), *Le Souffle de décembre*, Paris, Syllepse, 1997.

BIDART Claire, *L'Amitié, un lien social*, Paris, La Découverte, 1997.

BLOCH-LAINÉ François (sous la dir.), *Faire société. Les Associations au cœur du social*, Paris, Syros, 1999.

BOUNFOUR Ahmed, *Le Management des ressources immatérielles*, Paris, Dunod, 1998.

CAILLÉ Alain, LE GOFF Jean-Pierre, *Le Tournant de décembre*, Paris, La Découverte, 1996.

CAMERLYNCK Guillaume H., *Le Contrat de travail* in *Traité de droit du travail*, t. I, Paris, Dalloz, 1988.

CAMUS Jean-Yves, *Les Extrémismes en Europe*, Paris, Éditions de l'Aube, 1999.

CARBONNIER Jean, *Flexible droit*, Paris, LGDJ, 1983.

CARRÉ Philippe, MOISAN André, POISSON Daniel, *L'Autoformation : psychopédagogie, ingénierie, sociologie*, Paris, Presses universitaires de France, 1997.

CASTELLS Manuel, *L'Ère de l'information. La Société en réseaux*, Paris, Fayard, 1998.

CASTELLS Manuel, *L'Ère de l'information. Le Pouvoir de l'identité*, Paris, Fayard, 1999.

CASTORIADIS Cornélius, *Les Carrefours du labyrinthe*, vol. 1 à 5, Paris, Le Seuil, 1997.

CATHELAT Bernard (sous la dir.), *Le Retour des clans*, Foreseen, Paris, Denoël, 1997.

CENTRE DES JEUNES DIRIGEANTS (CJD), *L'Entreprise au XXI*[e] *siècle*, Paris, Flammarion, 1996.

CHABAS François, *Leçons de droit civil*, t. II, vol. 1 – *Les Obligations : théorie générale*, Paris, Montchrestien, 1991.

CHARLÉTY Sébastien, *Histoire du saint-simonisme (1825-1864)*, Paris, Gonthier, coll. « Médiations », 1965.

CHARTIER Roger, *Les Origines culturelles de la Révolution française*, Paris, Le Seuil, 1990.

CHAUMIER Serge, *La Déliaison amoureuse*, Paris, Armand Colin, 1999.

CHODERLOS DE LACLOS Pierre Ambroise, *Les Liaisons dangereuses*, Paris, Gallimard, coll. « Folio », 1972.
COHEN Joshua et ROGERS Joel, éd., *Associations and Democracy*, Londres, New York, Verso, 1999.
COHEN TANUGI Laurent, *Le Droit sans l'État*, Paris, Presses universitaires de France, 1985.
COMMAILLE Jacques et MARTIN Claude, *Les Enjeux politiques de la famille*, Paris, Bayard Éditions, 1998.
CONDORCET, *Essais sur la constitution et les fonctions des assemblées provinciales*, 1788.
COOPER David, *Mort de la famille*, Paris, Le Seuil, 1975.
COVA Bernard, *Au-delà du marché : quand le lien importe plus que le bien*, Paris, L'Harmattan, 1995.
CROZIER Michel, *État modeste, État moderne : stratégie pour un autre changement*, Paris, Fayard, 1997.
DEGENNE Alain, FORSÉ Michel, *Les Réseaux sociaux*, Paris, Armand Colin, 1994.
DELACAMPAGNE Christian, *De l'indifférence*, Paris, Éditions Odile Jacob, 1998.
DELMAS-MARTY Mireille, *Trois défis pour un droit mondial*, Paris, Le Seuil, 1998.
DESANTI Dominique, *Les Socialistes de l'utopie*, Paris, Payot, 1970.
DESJOURS Christophe, *Souffrance en France*, Paris, Le Seuil, 1998.
D'IRIBARNE Philippe, *Vous serez tous des maîtres*, Paris, Le Seuil, 1996.
DONZELOT Jacques, ESTÈBE Philippe, *L'État animateur*, Paris, Esprit, 1994.
DRUCKER Peter, *Postcapitalist Society*, Oxford, Butterworth-Heinemann, 1993.
DUBET François, MARTUCELLI Danilo, *Dans quelle société vivons-nous ?*, Paris, Le Seuil, 1998.
DUMONT Louis, *Homo aequalis*, Paris, Gallimard, 1977.
DUMONT Louis, *Essais sur l'individualisme*, Paris, Le Seuil, 1985.
DURKHEIM Émile, *De la division du travail social*, Paris, Presses universitaires de France, 1960.
DURKHEIM Émile, *Montesquieu et Rousseau précurseurs de la sociologie*, Paris, Marcel Rivière, 1966.
DURKHEIM Émile, *Le Socialisme*, Paris, Presses universitaires de France, coll. « Quadrige », 1992.
DWORKIN Ronald, *Taking Rights Seriously*, Cambridge, Harvard University Press, 1977.
EHRENBERG Alain, *La Fatigue d'être soi. Dépression et société*, Paris, Éditions Odile Jacob, 1998.

ÉLIAS Norbert, *La Société des individus*, Paris, Fayard, 1991.
ÉLIAS Norbert, *La Civilisation des mœurs*, Paris, Calmann-Lévy, 1973.
L'Entreprise de demain, Fondation Drucker, Paris, Village Mondial, 1998.
ETTIGHOFFER Denis, *L'Entreprise virtuelle ou les nouveaux modes de travail*, Paris, Éditions Odile Jacob, 1992.
ETZIONI Amitai, *The New Golden Rule*, New York, Harper & Collins, 1997.
FERRAND-BECHMAN Dan, *Le Métier de bénévole*, Paris, Anthropos, 2000.
FERRAND-BECHMANN Dan, *Bénévolat et solidarité*, Paris, Syros, 1992.
FERRY Jean-Marc, *L'Allocation universelle*, Paris, Le Cerf, 1995.
FIZE Michel, *La Démocratie familiale. Évolution des relations parents/adolescents*, Paris, Presses de la renaissance, 1990.
FOUCAULD Jean-Baptiste de, PIVETEAU Denis, *Une société en quête de sens*, Paris, Éditions Odile Jacob, 1995.
FOURIER Charles, *Œuvres complètes*, Paris, Anthropos, 1966-1968.
FREEDMAN Marc, *Prime Time. How Baby Boomers Will Revolutionize Retirement and Transform America*, New York, Public Affairs, 2000.
GAUDIN Thierry, *Introduction à l'économie cognitive*, Paris, Éditions de l'Aube, 1997.
GHESTIN Jacques, *Droit civil, les obligations, le contrat*, Paris, LGDJ, 1980.
GIDDENS Anthony, *The Third Way : the Renewal of Social Democracy*, Cambridge, Polity Press, 1998.
GIDDENS Anthony, *The Transformation of Intimacy. Sexuality, Love and Eroticism in Modern Societies*, Cambridge, Polity Press, 1992.
GINSBERG-CARRÉ Christiane, *La Fratrie dans la famille recomposée*, in *Le fraternel*, sous la dir. d'Odile BOURGUIGON, Paris, Dunod, 1999.
GOLDFINGER Charles, *L'Utile et le Futile. L'Économie de l'immatériel*, Paris, Éditions Odile Jacob, 1994.
GRELL Paul, *Héros obscurs de la précarité*, Paris, L'Harmattan, 1993.
HABERMAS Jürgen *L'Intégration républicaine*, Paris, Fayard, 1998.
HABERMAS Jürgen, *De l'éthique de la discussion*, Paris, Le Cerf, 1992.
HALBA Bénédicte, LE NET Michel, *Bénévolat et volontariat*, Paris, La Documentation française, 1997.

HATZFELD Marc, *Le Topo-guide des régies de quartier*, Paris, Desclée de Brouwer, 1998.
HIRIGOYEN Marie-France, *Le Harcèlement moral*, Paris, Syros, 1998.
HIRSCHMANN Albert O., *Défection et prise de parole*, Paris, Fayard, 1995.
HIRSCHMANN Albert O., *Bonheur privé, action publique*, Paris, Fayard, 1995.
HOBBES Thomas, *Léviathan*, Paris, Sirey, 1971.
HOUELLEBECQ Michel, *Extension du domaine de la lutte*, Paris, J'ai lu, 1999.
ION Jacques, *La Fin des militants*, Paris, Éditions de l'Atelier, 1997.
JEANTET Thierry, *L'Économie sociale européenne*, Paris, CIEM, 1999.
KALTENBACH Pierre-Patrick, *Associations lucratives sans but*, Paris, Denoël, 1995.
KARPIK Lucien, *Les Nouveaux Porte-parole*, in *France : les révolutions invisibles*, sous la dir. de Pierre ROSANVALLON, Paris, Calmann-Lévy, 1998.
KOTKIN James, *Tribes*, New York, Random House, 1992.
KROL Ed, *The Hitchhikers Guide to the Internet*, University of Illinois, 1986.
LAHIRE Bernard, *L'Homme pluriel*, Paris, Nathan, 1998.
LE CARDINAL Gilles, GUYONNET Jean-François, POUZOULLIC Bruno, *La Dynamique de la confiance*, Paris, Dunod, 1997.
LELIÈVRE Claude et Françoise, *Histoire de la scolarisation des filles*, Paris, Nathan, 1991.
LE PLAY Frédéric, *La Réforme sociale en France*, Paris, Mame, 1878.
LEROUX Pierre, *De l'individualisme et du socialisme*, 1845.
LEROUX Pierre, *De l'égalité* (1838), Genève, Éditions Slatkine, 1996.
LIPOVETSKY Gilles, *L'Ère du vide*, Paris, Gallimard, 1983.
LOCKE John, *Traité du gouvernement civil*, Paris, Garnier-Flammarion, 1992.
LORAUX Nicole, *La Cité divisée*, Paris, Payot, 1997.
MAFFESOLI Michel, *Le Temps des tribus*, Paris, Méridiens, 1988.
Maîtriser la mondialisation, Documents d'Église, Paris, Bayard Éditions, 1999.
MANIN Bernard, « Rousseau » *in Dictionnaire critique de la Révolution française*, François Furet, Mona Ozouf (sous la dir.), Paris, Flammarion, 1988.
MARX Karl, *L'Idéologie allemande*, Paris, Éditions sociales, 1969.

MC INTYRE Alasdair, *After Virtue. A Study in Moral Theory*, Londres, Duckworth, 1981.

MC LUHAN Marshall, *Understanding Media*, New York, Mc Graw-Hill, 1964.

MÉDA Dominique, *Qu'est-ce que la richesse ?* Paris, Aubier, 1999.

MEISTER Albert, *Vers une sociologie des associations*, Paris, Éditions ouvrières, 1972.

MERMET Gérard, *Francoscopie*, Paris, Larousse, 1999.

MOREAU Emmanuel, *Mieux vivre ensemble. Pour resserrer les liens sociaux*, Paris, Balland/Jacob-Duvernet, 2000.

MUSSO Pierre, *Saint-Simon et le saint-simonisme*, Paris, Presses universitaires de France, 1999.

PASSET René, *L'Illusion néo-libérale*, Paris, Fayard, 2000.

POLANYI Karl, *La Grande Transformation* (1944), Paris, Gallimard, 1983.

POUJOL Geneviève, *Éducation populaire : histoires et pouvoirs*, Paris, Éditions ouvrières, 1981.

PROUDHON Pierre Joseph, *Qu'est-ce que la propriété ?* (1840), Paris, Garnier-Flammarion, 1966.

PUFENDORF Samuel, *Droit de la nature et des gens*, 1672.

RAWLS John, *Théorie de la justice*, Paris, Le Seuil, 1987.

RAYOU Patrick, *La Cité des lycéens*, Paris, L'Harmattan, 1999.

REBELLE Bruno, SWIATLY Fabienne, *Libres associations*, Paris, Desclée de Brouwer, 1999.

Les Régies de quartier, expérience et développements, Paris, Plan urbain-La Documentation française, 1994.

Réhabiliter la politique, Documents d'Église, Paris, Bayard Éditions, 1999.

REICH Robert, *L'Économie mondialisée*, Paris, Dunod, 1992.

REYNAERT François, *Nos années vaches folles*, Paris, Nil Éditions, 1999.

RIESMAN David, *La Foule solitaire*, Paris, Arthaud, 1964.

ROBIN Jacques, *Changer d'ère*, Paris, Le Seuil, 1989.

ROCHE Daniel, *La France des Lumières*, Paris, Fayard, 1993.

ROCHEFORT Robert, *Le Consommateur entrepreneur*, Paris, Odile Jacob, 1997.

ROSANVALLON Pierre, *Le Capitalisme utopique. Histoire de l'idée de marché*, Paris, Le Seuil, 1989.

ROSANVALLON Pierre, *Le Peuple introuvable. Histoire de la représentation démocratique en France*, Paris, Gallimard, 1998.

ROSANVALLON Pierre, *Le Sacre du citoyen. Histoire du suffrage universel en France*, Paris, Gallimard, 1992.

ROULAND Norbert, *Anthropologie juridique*, Paris, Presses universitaires de France, 1995.
ROUSSEAU Jean-Jacques, *Du contrat social*, Paris, Le Livre de poche, 1996.
ROUSSEAU Jean-Jacques, *Discours sur l'origine et les fondements de l'inégalité parmi les hommes*, Paris, Gallimard, coll. « Folio », 1985.
ROUSSEL Louis, *La Famille incertaine*, Paris, Éditions Odile Jacob, 1989.
RUSS Jacqueline, *Le Socialisme utopique français*, Paris, Bordas, 1988.
SAINT-SIMON, *Du système industriel*, 1821.
SAINT-SIMON, *Le Nouveau Christianisme*, 1825.
SAINT-SIMON, *L'Industrie*, 1817-1818.
SALAMON Lester M. et ANHEIER Helmut K., *The Emerging Sector : The Non Profit Sector in Comparative Perspective ; an Overview*, Manchester, Manchester University Press, 1996.
SALANIÉ Bernard, *Théorie des contrats*, Paris, Economica, 1994.
SANDEL Michael, *Liberalism and Limits of Justice*, Oxford, Oxford University Press, 1982.
SARTRE Jean-Paul, *Les Mots*, Paris, Gallimard, 1964.
SASSEN Saskia, *Losing Control. Sovereignty in an Age of Globalisation*, New York, Columbia University Press, 1996.
SAY Jean-Baptiste, *Traité d'économie politique* (1803), Paris, Calmann-Lévy, 1972.
SCHNAPPER Dominique, *La Communauté des citoyens. Sur l'idée moderne de nation*, Paris, Gallimard, 1994.
SCHNAPPER Dominique, *L'Épreuve du chômage*, Paris, Gallimard, 1981.
SCHWARTZENBERG Roger-Gérard, *L'État spectacle*, Paris, Flammarion, 1977.
SÉLYS Gérard de, *Tableau noir, appel à la résistance contre la privatisation de l'enseignement*, Bruxelles, EPO, 1998.
SIEYÈS abbé, *Qu'est-ce que le tiers état ?* (1789), Paris, Flammarion, 1988.
SIMMEL Georg, *Philosophie de l'argent*, Paris, Presses universitaires de France, 1987.
SIMMEL Georg, *Sociologie et épistémologie*, Paris, Presses universitaires de France, 1981.
SINGLY François de et *al.*, *Libres ensemble*, Paris, Nathan, 2000.
SINGLY François de, *Le Soi, le couple et la famille*, Paris, Nathan, 1996.
SMITH Adam, *Enquête sur la nature et les causes de la richesse des nations*, Paris, Presses universitaires de France, 1995.

SMITH Adam, *Théorie des sentiments moraux*, Paris, Presses universitaires de France, 1999.
STEWART Tom, *Intellectual Capital. The New Wealth of Organisations*, New York, Doubleday, 1997.
SUE Roger, *La Richesse des hommes. Vers l'économie quaternaire*, Paris, Éditions Odile Jacob, 1997.
SULLEROT Évelyne, *Le Grand Remue-ménage. La Crise de la famille*, Paris, Fayard, 1997.
SUPIOT Alain, *Critique du droit du travail*, Paris, Presses universitaires de France, 1994.
SVEIBY Karl E., *La Nouvelle Richesse des entreprises*, Paris, Maxima, 2000.
TACUSSEL Patrick, *Charles Fourier, le jeu des passions*, Paris, Desclée de Brouwer, 2000.
TAYLOR Charles, *L'Atomisme, la liberté des modernes*, Paris, Presses universitaires de France, 1997.
TAYLOR Charles, *Les Sources du moi (Sources of the self*, 1989), Paris, Le Seuil, 1998.
THÉRY Irène, *Couple, filiation et parenté aujourd'hui*, Paris, Éditions Odile Jacob et La Documentation française, 1998.
THÉRY Irène, *Le Démariage*, Paris, Éditions Odile Jacob, 1993.
TIXIER Pierre Éric, *Crise ou mutation du syndicalisme*, Paris, Presses universitaires de France, 1992.
TOCQUEVILLE Alexis de, *De la démocratie en Amérique* (1840), t. II, Paris, Gallimard, coll. « Folio », 1986.
TODD Emmanuel, *La Diversité du monde. Famille et modernité*, Paris, Le Seuil, 1999.
TÖNNIES Ferdinand, *Communauté et société (Gemeinschaft und Gesellschaft*, 1887), Paris, Retz, 1977.
Le Travail dans vingt ans, Rapport de la commission présidée par Jean Boissonnat, Paris, Éditions Odile Jacob et La Documentation française, 1995.
VIARD Bruno, *Pierre Leroux, à la source perdue du socialisme français*, Paris, Desclée de Brouwer, 1997.
VIENNEY Claude, *L'Économie sociale*, Paris, La Découverte, 1997.
WACQUANT Loïc, *Les Prisons de la misère*, Paris, Raisons d'agir, 1999.
WALZER Michael, *Pluralisme et démocratie*, Paris, Esprit, 1997.
WALZER Michael, *Sphères de justice*, Paris, Le Seuil, 1997.
WALZER Michael, *Thick and Thin*, Notre Dame, University of Notre Dame Press, 1994.
WEBER Max, *Économie et société*, Paris, Plon, 1971.

WEBER Max, *L'Éthique protestante et l'esprit du capitalisme*, Paris, Plon, 1964.
WIEVIORKA Michel, *Raison et conviction : l'engagement*, Paris, Textuel, 1998.
YONNET Paul, *Travail, loisir. Temps libre et lien social*, Paris, Gallimard, 1999.

Articles, revues, colloques, rapports, etc.

Adult Learning and Technology in OECD Countries, Paris, OCDE, 1995.
AGULHON Maurice, « Associations et histoire sociale », *Revue de l'économie sociale*, avril 1988.
ALLEMAND Sylvain, « La démocratie : une idée simple et un problème », *Sciences humaines*, n° 81, mars 1998.
ARCHAMBAULT Édith, « Le secteur sans but lucratif : associations et fondations en France et à l'étranger » *in La Vie associative, Administration*, n° 176, juillet-septembre 1997.
« Les associations et la loi de 1901, cent ans après », Conseil d'État, *Rapport public*, 2000.
ATTIAS-DONFUT Claudine, « Les Solidarités entre générations », *Données sociales*, INSEE, 1996.
AUBRUN Simone, OROFIAMMA Roselyne, *Les Compétences de troisième dimension*, Paris, Conservatoire national des arts et métiers, 1990.
BAROU Jacques, « La France, société multiculturelle » *in Sociétés, cultures, communautés, Projet*, n° 255, automne 1998.
BÉROUD Sophie, MOURIAUX René, « La polysémie du vocable "mouvement". Les mots et la chose en l'an 2000 », *Regards*, n° 54, février 2000.
BLANPAIN Nathalie, PAN KE SHON Jean-Louis, « 1983-1997 : les Français se parlent de moins en moins », *INSEE Première*, n° 571, mars 1998.
« Le boom des associations » (dossier dirigé par Guillaume Malaurie), *L'Européen*, n° 12, 10-16 juin 1998.
BOY Laurence, « Les utilités du contrat », *Les Petites Affiches*, n° 109, 10 septembre 1997.
CAILLÉ Alain, « Don, association et solidarité », *Recma, revue internationale de l'économie sociale*, n° 265, 1997.
CHANIAL Philippe, « 1848/1898/1998 : l'association est-elle une politique ? », *Revue du Mauss*, 2e semestre 2000.

CHÉRIOUX Jean, *L'Actionnariat salarié : vers un véritable partenariat dans l'entreprise*, Rapport d'information, Sénat, 1999.

CHOKRANE Bertrand, HATCHUEL Georges, « La dynamique sociale des seniors », *Partage*, n° 135, août-septembre 1999.

Collection des *Cahiers de l'animation* et de la revue *Transversales Science/Culture*.

« Conditions de vie et aspirations des Français », Credoc, 1998.

« Le contrat d'association », *in Lamy associations*, septembre 1998.

CRENNER Emmanuelle, « Le milieu associatif de 1983 à 1996 », *Insee Première*, n° 542, septembre 1997.

« Demain la famille », 95e congrès des notaires de France (Marseille, 9-12 mai 1999), *Les Petites affiches*, n° 84, 28 avril 1999.

La démocratie continue. Actes du colloque de Montpellier, sous la direction de Dominique Rousseau, Paris, LGDJ, 1995.

DONNADIEU Gérard, « Où va le syndicalisme français ? », *Futuribles*, septembre 1998.

DUBET François, CHARLOT Bernard, « Le sens de l'école », *Sciences humaines*, n° 76, octobre 1997.

DUMONTIER Françoise, PAN KE SHON, Jean-Louis, « En 13 ans, moins de temps contraint et plus de loisir », *Insee Première*, n° 675, octobre 1999.

DUPUY Jean-Pierre, EMARD DUVERNAY François, FAVEREAU Olivier, ORLÉAN André, SALAIS Robert, THEVENOT Laurent, « L'économie des conventions », *Revue économique*, vol. 40, n° 2, mars 1989.

« Une éducation européenne, vers une société qui apprend », *Rapport de la table ronde européenne des industriels*, ERT, février 1995.

« Enquête Emploi du temps 1986-1999 », INSEE, 1999.

« Les Européens et la famille », *Eurobaromètre*, Bruxelles, 1993.

EVERS Adalbert, « Part of the mix : the third sector as an intermediate area », *Voluntas*, vol. 6, n° 2, 1995.

Finie la famille, Paris, Autrement, 1975.

FOUREL Christophe, LOISEL Jean-Pierre, « Huit Français sur dix concernés par la vie associative », *CREDOC*, n° 133, février 1999.

GATUMEL Denis, *Intéressement et participation des salariés* in *Juris-classeur Travail Traité*, Paris, Éditions du Juris-Classeur, 1995.

GHESTIN Jacques, « La notion de contrat », *Recueil Dalloz Sirey*, 1990, Chronique p. 147.

GUATTARI Félix, « Pour une refondation des pratiques sociales », *Le Monde diplomatique*, octobre 1992.

HATCHUEL Georges, LOISEL Jean-Pierre, « La vie associative : participer mais pas militer », *Données sociales*, INSEE, 1998.

LE GALL Didier, « La famille contemporaine moins institutionnelle et plus relationnelle », *Communication au colloque de la FNARS*, décembre 1999.

« Liens entre entreprises et associations : les conditions d'un partenariat efficace », *Développements*, n° 22, mai 2000.

LOISEL Jean-Pierre, « Les Français et la vie associative », *Rapport CREDOC*, n° 201, juillet 1999.

MENGIN Jacqueline, « Les associations dans la décentralisation », *in La Vie associative, Administration*, n° 176, juillet-septembre 1997.

« Nationalismes régionaux en Europe », *Hérodote*, n° 95, 4e trimestre 1999.

NEYRET Guy, NIVLET Jean-Marie, RAULT Daniel, « Associations régies par la loi de 1901 », *Conseil national de l'information statistique (CNIS)*, n° 44, novembre 1998.

PERRU Olivier, « Le concept d'association et l'unité politique : étude critique chez Saint-Simon, Fourier et Marx », *Philosophiques*, n° 26/1, printemps 1999.

PORTELLI Patricia, « Dynamique individuelle et collective d'autoformation en milieu associatif », *Éducations*, février-mars 1995.

Les Pratiques culturelles des Français, Enquête 1997, Paris, La Documentation française, 1998.

« Produire des solidarités. La part des associations », *Mire*, Rencontres et Recherches, 1997.

La Promotion du rôle des associations et fondations en Europe, Communication de la Commission européenne, 6 juin 1997.

PROUTEAU Lionel, « Les différentes façons d'être bénévole », *Économie et Statistiques*, INSEE, n° 311, 1998.

« Rapport sur la Santé dans le Monde », *Organisation mondiale de la santé*, juin 2000.

RIVERO Jean, *Actualités juridiques du droit administratif*, 20 mars 1980.

ROBIN Jacques, « Quand le travail quitte la société post-industrielle », *Cahiers du GRIT* I et II, 1993-1994.

ROUQUETTE Céline, « La percée du téléphone portable et d'Internet », *INSEE Première*, n° 700, février 2000.

ROUSSEL Louis, « Mariages et divorces. Contribution à l'analyse systématique des modèles matrimoniaux », *Population*, n° 6, 1980.

SALAMON Lester M., ANHEIER Helmut K., « The Civil Society Sector : a New Global Force », *Society*, vol. 34, mai 1997.

SAMUEL Patrick, « Les fondements historiques de la participation », *in Participation : le défi du partage, Une certaine idée*, n° 6, 4e trimestre 1999.

SÉLYS Gérard de, « L'école, grand marché du XXe siècle », *Le Monde diplomatique*, juin 1998.
« Une seule solution, l'association ? », *Revue du Mauss*, n° 11, 1er semestre 1998.
SOUBIE Raymond, « La création de valeur ne va pas sans partage », Andersen Consulting, *Outlook*, vol. XII, juin 2000.
TRÉPO Georges et FERRARY Michel, « La gestion des compétences, un outil stratégique », *Sciences humaines*, n° 81, mars 1998.

TABLE

Du même auteur

Le Loisir, Paris, PUF, 1980.
Vers une société du temps libre, Paris, PUF, 1982.
Vivre en l'an 2000, Paris, Albin Michel, 1985.
Chômage, marginalité et créativité (avec C. Lalive d'Épinay), Presses de l'Université de Genève, 1987.
Temps et ordre social, Paris, PUF, 1995.
Vers une économie plurielle (en collaboration), Paris, Syros, 1997.
La Richesse des hommes. Vers l'économie quaternaire, Paris, Éditions Odile Jacob, 1997.

CET OUVRAGE A ÉTÉ TRANSCODÉ
ET ACHEVÉ D'IMPRIMER SUR ROTO-PAGE
PAR L'IMPRIMERIE FLOCH À MAYENNE
EN JANVIER 2001

N° d'impression : 50170.
N° d'édition : 7381-0933-X.
Dépôt légal : janvier 2001.
Imprimé en France